Isabel Alcántara
und Sandra Egnolff

Frida Kahlo und Diego Rivera

Prestel München · London · New York

7	Kinderjahre im Blauen Haus
11	Frida – Die junge Rebellin
16	Erste Begegnung mit dem Tod
21	Diego Rivera
29	Die Taube und der Elefant
37	›Gringolandia‹ – Die Jahre in Amerika
48	Schattenseiten der Beziehung
54	Liaison mit Leo Trotzki
58	Die produktiven Jahre 1937–1938
62	Frida Kahlos erste Einzelausstellung in New York
62	Kahlo und der Surrealismus
67	Scheidung und Wiedervermählung
75	›Los Fridos‹ und ›Los Dieguitos‹
81	Von der Frau zur Mutter – vom Mann zum Kind
98	Frida Kahlos körperlicher Verfall
105	Frida Kahlos Tod
113	Viva la Vida – Es lebe das Leben
114	»Für meinen Augenstern ...« Rivera nach dem Tod Frida Kahlos
118	Anmerkungen

Kinderjahre im Blauen Haus

Die ganze Wahrheit über Frida Kahlo und Diego Rivera werden wir wohl nie erfahren. Zu viele Geschichten wurden auf zu unterschiedliche Weise erzählt. Ebenso wie Diego Rivera stets dafür sorgte, eine sagenhafte Legende um sich zu ranken, gehörte es zu Frida Kahlos größten Vergnügen, ihre Vergangenheit in einen bunten Schleier zu hüllen. Das Geheimnis um sie beginnt schon mit ihrem Geburtsjahr. Fest verwurzelt in den Idealen der Revolution, behauptete Kahlo, 1910 geboren zu sein, in dem Jahr, das für Reform, blutigen Kampf und Befreiung steht, das Jahr der mexikanischen Revolution, in dem sich das Volk unter der Führung Emiliano Zapatas und Francisco »Pancho« Villas gegen die Diktatur erhob. In Wirklichkeit wurde Frida Kahlo aber am 6. Juli 1907 geboren.

Das Blaue Haus in Coyoacán, einem hübschen Vorort südlich von Mexiko City, ist die Geburtsstätte Magdalena Carmen Frida Kahlo Calderóns und war lange Zeit die gemeinsame Bleibe von Kahlo und Rivera. Das ebenerdig, u-förmig angelegte Gebäude mit blau getünchten Wänden, hohen Fenstern und grünen Holzläden hat einen Innenhof voller subtropischer Pflanzen. Frida Kahlo stellte es 1936 in dem Gemälde *Meine Großeltern, meine Eltern und ich* dar. Darin bildete sie sich nackt als kleines Mädchen ab, das im Innenhof steht und ein rotes Band in der Hand hält, das sie mit ihren Eltern und ihren Großeltern, genau wie in einem Stammbaum, verbindet.

Ihr Vater errichtete das Blaue Haus 1904 auf einem Stück Land der ehemaligen Hacienda

links:
»*Ich malte von 1916*«.
Erstes Bild des Tagebuchs von Frida Kahlo, das sie wohl in den Jahren 1946–54 verfaßte.
Museum Diego Rivera und Frida Kahlo, Mexiko-Stadt

rechts:
Hochzeitsbild Guillermo Kahlo und Matilde Calderón, 1898

›El Carmen‹. Nach Kahlos Tod ließ Rivera das Haus zum Museum ausbauen; es zieht noch heute Besucher aus aller Welt an. Das exzentrisch geschmückte Himmelbett der Künstlerin, ihr Tehuanakleid am Kleiderschrank, Staffelei und Malpalette in ihrem Atelier oder die rustikale Küche, in der die Namen Frida und Diego liebevoll als Wandmosaik verewigt sind, erwecken in uns den Eindruck, als könnten die Bewohner dieses Hauses jeden Augenblick zur Türe hereinkommen.

Fridas Vater, Wilhelm Kahlo, wurde 1872 in Baden-Baden geboren und war jüdisch ungarischer Abstammung. 1891 betrat er zum ersten Mal mexikanischen Boden. Als der junge Abenteurer in Mexiko ankam, beherrschte er weder die Landessprache noch besaß er viel mehr als seine Kleidung. Doch er fand sich schnell zurecht, änderte seinen Vornamen in Guillermo und heiratete 1894 eine Mexikanerin, die bei der Geburt der zweiten Tochter im Kindbett starb.

Es dauerte nicht lange, bis sich Guillermo erneut verliebte. Frida Kahlo schilderte das später so: »In der Nacht, als seine Frau starb, rief mein Vater meine nachmalige Großmutter Isabel. Sie kam mit ihrer Tochter, die damals im selben Geschäft wie mein Vater arbeitete. Er verliebte sich über alle Maßen in sie und heiratete sie später.«[1]

Das junge Mädchen, das Guillermo den Kopf verdrehte, hieß Matilde Calderón. Ihre Mutter war die Tochter eines spanischen Generals, der Vater indianischer Abstammung. Matilde, eine äußerst frömmlerische Person, verlangte von ihrem Mann, seine beiden Töchter aus erster Ehe ins Kloster zu schicken. Guillermo kam diesem Wunsch Matildes ebenso nach, wie dem, daß er genau wie ihr Vater Fotograf werden sollte. Als Einwanderer sah er die Schönheit des Landes besonders genau, sozusagen »von außen«. 1904 bis 1908 konnte er als offizieller Fotograf der Regierung von Porfirio Díaz zahlreiche Reisen durch Mexiko unternehmen und bedeutende historische Bauwerke fotografieren. Sein guter Verdienst erlaubte ihm, für sich und seine Familie das Blaue Haus zu bauen und seine Töchter auf die deutsche

Frida Kahlo im Alter von 5 Jahren mit Verwandten, darunter ihre beiden Schwestern Matilde (hinten links) und Adriana (vorn rechts). Das Foto stammt aus dem Jahr 1912 von Guillermo Kahlo selbst.
Foto: Cristina Kahlo, Mexiko-Stadt

Meine Großeltern, meine Eltern und ich
1936
Öl und Tempera auf Metall
31 x 34 cm
The Museum of Modern Art, New York
Schenkung Allan Roos, M.D.
und B. Matheu Roos

Schule zu schicken. Mit dem Ende der Diktatur Porfirio Díaz' im Jahr 1911 waren jedoch die Tage finanzieller Sorglosigkeit gezählt, Guillermo mußte sich später von seinem Schwiegersohn Diego Rivera unterstützen lassen, um im Blauen Haus bleiben zu können.

Die kleine Frida, die als dritte Tochter der Kahlos zur Welt kam, war ein besonders lebhaftes und freches Kind. Vom Vater wurde sie den anderen Töchtern vorgezogen. »Frida ist die intelligenteste meiner Töchter«, pflegte er stolz zu sagen, »sie ist mir am ähnlichsten«.[2] Er wiederum wurde von Kahlo grenzenlos verehrt.

Schon elf Monate nach Fridas Geburt kam ihre Schwester Cristina zur Welt und die Mutter, geschwächt durch die beiden Geburten, stellte für Frida eine indianische Amme ein. Doch auch wenn Frida in jungen Jahren nicht sehr von ihrer Mutter verwöhnt wurde, war diese Zeit trotzdem von Glück und Liebe geprägt, denn sie genoß die besondere Aufmerksamkeit des Vaters.

Mit sechs Jahren erkrankte Frida an Kinderlähmung am rechten Bein, mußte starke Schmerzen hinnehmen und war neun Monate ans Bett gefesselt. Doch obwohl sie auf Drängen ihres besorgten Vaters regelmäßig zum Schwimmen ging, bis zur Erschöpfung Rad fuhr und allerlei sonstige Sportarten trieb, blieb dieses Bein immer dünner als das gesunde. Ein Leben lang bemühte sich Frida Kahlo, dieses zurückgebliebene Bein unter langen Röcken zu verbergen.

So begann schon in jungen Jahren die durch Krankheit bedingte Isolation und Vereinsamung. Ihre Mitschüler auf der deutschen Schule verspotteten sie als »pata de palo«, als Hinkebein, und machten ihr das Leben schwer. Frida, die sich immer mit Stolz und Trotz vor den anderen behauptete, flüchtete sich gleichwohl in eine Phantasiewelt, in der man sie so akzeptierte, wie sie war:

»Ich war wohl sechs Jahre alt, als ich mir sehr lebhaft eine Freundschaft mit einem ungefähr gleichaltrigen Mädchen vorstellte. In meinem Zimmer, das auf die Allende-Straße ging, hauchte ich gegen die Fensterscheibe und zeichnete mit dem Finger eine Tür. In meiner Vorstellung lief ich nun aufgeregt und gespannt durch diese ›Tür‹ hinaus, überquerte die große breite ›Ebene‹, die ich vor mir liegen sah, bis ich bei der Molkerei ›Pinzón‹ (Fink) ankam. Dort schlüpfte ich durch das O von Pinzón und begab mich dann unverzüglich ins Innere der Erde, wo stets die Gespielin meiner Träume auf mich wartete. An ihre Gestalt und Farben kann ich mich nicht mehr erinnern; aber ich weiß, daß sie sehr lustig war und viel lachte, freilich völlig lautlos. Sehr beweglich war sie und konnte tanzen ... Wenn ich nach meinem imaginären Ausflug zum Fenster zurückkehrte, kam ich wieder durch die ›Tür‹ herein; dann wischte ich sie schnell mit den Fingern weg, um sie auf diese Weise verschwinden zu lassen.«[3]

Frida und ihre Schwestern wurden im katholischen Glauben erzogen, und auch wenn in Fridas Werk eine religiöse Komponente nicht zu leugnen ist, so war die Bigotterie Matildes doch ein Grund für das gespaltene Verhältnis Fridas zu ihrer Mutter. »Meine Mutter war übertrieben religiös«, erzählte Frida, »wir beteten vor jedem Essen, und während die anderen sich auf ihr innerstes Selbst konzentrierten, schauten Cristi und ich uns bloß an und verbissen uns das Lachen.«[4]

Frida – Die junge Rebellin

1922 – Diego Rivera war bereits 36 Jahre alt und ein hochgelobter Maler – beschloß Guillermo die klügste seiner Töchter auf die ›Escuela National Preparatoria‹ zu schicken, eine exzellente Schule zur Vorbereitung auf die Universität. Fridas Mutter war gegen dieses Vorhaben, denn die Schule lag nahe des ›Zócalo‹, dem Zentrum von Mexiko City, und war somit meilenweit von Zuhause entfernt. Außerdem erschreckte sie der Gedanke, daß ihre Tochter auf eine gemischte Schule gehen sollte, was in der damaligen Zeit alles andere als gewöhnlich war. Auf etwa dreihundert männliche Schüler entfielen fünf Schülerinnen und Matilde war außer sich bei dem Gedanken, daß eine davon ihre Tochter sein sollte. Die Kahlos einigten sich schließlich, Frida an der Aufnahmeprüfung teilnehmen zu lassen. Sie bestand die Prüfung mit Bravour. Als Schülerin der ›Prepa‹ zählte sie von nun an zur privilegierten mexikanischen Jugend und strebte ein Medizinstudium an.

Frida, die sich aufgrund all der Kränkungen, die sie wegen ihres deformierten Beines erdulden mußte, zu einer trotzigen, störrischen und burschikosen Jugendlichen entwickelt hatte, glich ihren Mitschülerinnen in nichts, was sie schon damals durch ihre Kleidung zur Schau stellte. Während die anderen Mädchen mit ihren ersten fraulichen Reizen

Seite 12–13:
Frida Kahlo (Mitte des Bildes) liebte es als junges Mädchen, Männerkleidung zu tragen. Hier zeigt sie sich u.a. mit ihrer Mutter und ihrer Schwester Cristina. Das Foto stammt vom Vater Guillermo Kahlo aus dem Jahr 1926.
Foto: Archivo CENEDIAP-INBA, Mexiko-Stadt

kokettierten, trug Frida das Haar streng gescheitelt, kleidete sich im Stil der deutschen Schülerinnen mit blauem Faltenrock, weißem Hemd und Krawatte. Nicht selten präsentierte sie sich auf Familienfotos in Männerkleidung. Sie erfand ihren ganz persönlichen Wortschatz, das »fridesco«, und schockierte oftmals durch ihre vulgäre und unverblümte Ausdrucksweise.

Nicht wenige Schüler der ›Prepa‹ zeichneten sich durch scharfen Verstand und revolutionäre Gesinnung aus. Frida, die die meisten ihrer Mitschülerinnen nicht ausstehen konnte und sie »escuinclas«, haarlose mexikanische Hunde, nannte, schloß sich bald einer intellektuellen Studentengruppe namens ›Los Cachuchas‹ an. Ihre Mitglieder fanden sich in der ibero-amerikanischen Bibliothek, nicht weit von der ›Prepa‹ entfernt, zusammen und waren wegen ihrer hitzigen Diskussionen über Hegel, Marx oder Engels sowie ihrer äußerst boshaften Streiche berüchtigt. Die Gruppe bestand aus sieben Jungen und zwei Mädchen: Alejandro Gómez Arias, Miguel N. Lira, Jesús Ríos y Valles, José Gómez Robleda, Manuel González Ramírez, Alfonso Villa, Augustín Lira, Carmen Jaime und Frida. Alejandro, der Anführer der Clique, war ein besonders charmanter und talentierter Redner, der später ein angesehener Rechtsanwalt und politischer Journalist wurde und eine ganz besondere Rolle in Frida Kahlos Leben spielen sollte. Miguel, der bereits auf die Universität ging, hatte eine besondere Vorliebe für chinesische Poesie, weshalb ihn seine Kameraden Chong Lee nannten. Die Lyrik blieb seine Muße, er schrieb Gedichte, Drehbücher und war Verleger mehrerer Zeitschriften. Er hielt ein Leben lang die Freundschaft zu Kahlo aufrecht und unterstützte sie durch zahlreiche Zeitungsartikel über ihr Werk. José Gómez Robleda hatte ein ganz ungewöhnliches Talent zum Häkeln und machte für die Gruppe die ›Cachuchas‹, die Mützen, die der Gruppe ihren Namen gaben. Er lebte ein etwas einsames und trauriges Dasein als Professor der Psychiatrie und widmete sich der Musik und Mathematik. Manuel González Ramírez blieb ebenfalls ein Leben lang mit der Künstlerin in Verbindung. Später wurde er von Beruf Rechtsanwalt und leistete ihr bei der Scheidung von Diego Rivera Rechtsbeistand. Carmen Jaime, neben Frida das einzige Mädchen der ›Cachuchas‹, studierte später Literatur. Sie war eine etwas sonderbare, zurückgezogene Person, deren eigentümliche Sprechweise auf Frida großen Einfluß ausübte.

Die Streiche der ›Cachuchas‹ waren überaus gefürchtet. Einmal sollen sie Feuerwerkskörper an einen Hund geschnürt und das verstörte Tier mitsamt der brennenden Knallkörper durch die ›Prepa‹ gehetzt haben. Oftmals war Frida von der Schule so gelangweilt, daß sie entweder schwänzte oder den Unterricht bis zur Verzweiflung des Lehrers störte. Es kam vor, daß sie sich an den Schuldirektor wendete, um ihn schnippisch aufzufordern, diesen oder jenen Lehrer zu entlassen, da dieser seinen Beruf verfehlt habe.

Die ›Cachuchas‹ machten selbst vor den berühmten Künstlern nicht Halt, die von Erziehungsminister Vasconcelos beauftragt worden waren, in der ›Preparatoria‹ Wandgemälde zu schaffen. So ließen sie beispielsweise die hohen Gerüste der Wandmaler einfach mitsamt der Fresken in Rauch und Flammen aufgehen. Ein besonders beliebtes Opfer der ›Cachucha‹-Anschläge war Diego Rivera, der nach seinem langjährigen Europaaufenthalt 1922 mit den Fresken im Bolivar-Amphitheater der Aula der ›Prepa‹ beauftragt wurde. Hier begegnete Frida ihrem zukünftigen Mann zum ersten Mal. Sie war gerade fünfzehn Jahre alt.

Rivera, der in Europa bereits überall bekannt war, galt an der ›Prepa‹ als Attraktion. Längst hatte er sich daran gewöhnt, bei seiner Arbeit auf dem Gerüst von Schaulustigen umgeben zu sein. Auf Frauen übte er offenbar eine große Anziehungskraft aus, obwohl er äußerlich nicht attraktiv wirkte: Er war dickleibig, hatte fettiges Haar, hervorstehende Augen und trug schmuddelige, ausgebeulte Kleidung.

Als Frida von der Anwesenheit des Künstlers erfuhr, begann sie sofort sich Possen auszudenken. Sie seifte die Stufen ein, die Rivera zu seinem Arbeitsplatz führten, und belauertete ihn aus ihrem Versteck, in der Hoffnung, den großen Meister stürzen zu sehen. Doch der behäbige, schwergewichtige

Mann bemerkte den rutschigen Untergrund nicht einmal. Am darauffolgenden Tag fiel ein schmächtiger Lehrer dem Attentat zum Opfer.

War der Meister in Begleitung seiner Lebensgefährtin Lupe Marín, rief Frida: »Achtung Diego, Nahui kommt!« Dies war der Name seiner heimlichen Geliebten.

Einmal wollte Frida Rivera bei der Arbeit zusehen. Obwohl sie ihn fast regungslos und ohne ein Wort zu verlieren aus der Entfernung beobachtete, erfüllten ihre widerspenstige Schönheit, ihre Jugend und die Klarheit ihres Blickes den Raum. Lupe Marín war an jenem Tag ebenfalls anwesend und wurde durch die Gegenwart des Mädchens zunehmend nervöser und eifersüchtiger. Wie eine Furie ging sie auf Frida los und forderte sie auf zu verschwinden, doch diese rührte sich nicht vom Fleck.

»Ein Jahr später erfuhr ich, daß sie es gewesen war, die hinter den Säulen versteckt gerufen hatte, und daß sie Frida Kahlo hieß«, erzählte Rivera, »Doch daß sie einmal meine Frau werden würde, wäre mir damals nicht in den Sinn gekommen.«[5]

Frida hingegen teilte ihren Mitschülerinnen schon zu jener Zeit mit, daß sie von diesem Mann später einmal ein Kind haben wolle und ihm das auch beizeiten sagen würde.

Erste Begegnung mit dem Tod

Es geschah am 17. September 1925, einen Tag nach der Unabhängigkeitsfeier Mexikos. In Fridas Leben hatte es eine große Veränderung gegeben. Sie war inzwischen nicht mehr allein, sondern hatte einen ›novio‹, einen festen Freund: Alejandro Gómez Arias, den Anführer der ›Cachuchas‹. Als Beweis ihrer Liebe malte sie drei Jahre später ein wunderschönes, leicht melancholisches Porträt von Alejandro, das erst 1994 entdeckt wurde. Frida und Alejandro glaubten, die wahre Liebe gefunden zu haben, und schmiedeten Pläne für eine gemeinsame Zukunft.

Porträt Alejandro Gómez Arias 1928
Öl auf Leinwand
Nachlaß Alejandro Gómez Arias, Mexiko-Stadt

An jenem Tag stiegen die beiden in einen der Busse, die erst seit kurzem durch die Stadt fuhren. Es waren Busse aus Holz, mit langen Bänken auf beiden Seiten, und ihre Fahrer waren noch nicht sehr geübt. Frida und Alex waren zuvor bereits in einen anderen Bus gestiegen, doch Frida hatte auf dem Weg einen kleinen Spielzeugsonnenschirm verloren. Da für Frida ihre Spielsachen von großer Bedeutung waren, stiegen sie noch einmal aus, um den Schirm zu suchen. Doch die Suche blieb erfolglos und sie kauften ein anderes Spielzeug. Und so kam es dazu, daß sie genau in dem Bus saßen, der mit einer Straßenbahn zusammenprallte.

Bevor der Holzbus auseinanderbrach, begann er sich immens zu biegen, so weit, daß sich die Knie der gegenübersitzenden Personen berührten. Frida, die sich der Folgen zunächst nicht bewußt war, dachte kurz nach dem Unfall nur daran, ihr neu erworbenes Spielzeug zu suchen, doch sie vermochte nicht aufzustehen. Sie lag, entzweigebrochen wie eine Porzellanpuppe, den Körper bedeckt von Blut und Goldstaub, den wohl ein anderer Passagier bei sich getragen hatte. Frida hörte jemanden rufen: »La bailarinita, la bailarinita«. Die Leute hielten das blasse, goldbestäubte Geschöpf für eine Balettänzerin. Alejandro, der so gut wie unversehrt geblieben war, wollte Frida aufhelfen, doch da sah er mit Grauen, daß sich eine Haltestange des Busses durch Fridas Körper gebohrt hatte. Zum Glück war einer der Anwesenden in der Lage, die Eisenstange herauszuziehen. Alejandro legte das Mädchen auf den Billardtisch eines nahegelegenen Salons und wartete auf Hilfe.

Endlich kam der Ambulanzwagen und brachte Frida ins Rotkreuzkrankenhaus. Man zählte elf Brüche am rechten Bein, der rechte Fuß war ausgerenkt und zerquetscht, die linke Schulter ausgekugelt, Rückgrat und Becken verletzt, ein Schlüsselbein, zwei Rippen und das Schambein ge-

Unfall 1926
Bleistift auf Papier, 20 x 27 cm
Sammlung Coronel, Cuernavaca / Morelos

brochen. Der Eisenstab hatte sich durch die linke Hüfte gebohrt und trat durch den Schambereich wieder heraus. Die Folgen dieses schrecklichen Unglücks sollten Fridas Leben vollkommen erschüttern und für immer prägen. Auffallend ist, daß Frida Kahlo ein Leben lang nie den Unfall malte. Lediglich eine Bleistiftzeichnung von 1926, die eine deutlich nervöse, grobe Strichführung erkennen läßt, sowie ein kleines Votivbild, erinnern an das tragische Geschehnis, das Kahlo niemals verarbeiten konnte.

Sofort benachrichtigte man ihre Familie von dem Unglück. Es bestanden große Zweifel, ob das Mädchen überleben würde. Frida erinnerte sich: »Matilde [Fridas älteste Schwester] las die Nachricht in der Zeitung. Sie war die erste, die zu mir kam, und drei Monate lang wich sie nicht von meiner Seite. Meine Mutter war wegen des Schocks einen Monat lang stumm und kam mich nicht besuchen. Meine Schwester Adriana fiel in Ohnmacht, als sie davon hörte. Mein Vater wurde von solch einer Traurigkeit befallen, daß er erkrankte und erst nach zwanzig Tagen imstande war, mich zu besuchen.«[6]

Während ihres Krankenhausaufenthaltes sah Frida nachts oft den Tod um ihr Bett tanzen. Der Todesgefahr entwich Frida nur langsam. Für immer blieben die entsetzlichen Schmerzen im Rücken und im rechten Bein. Nach einem Monat schickte man Frida nach Hause, doch ihr Leben war nicht mehr dasselbe. Sie konnte nicht mehr zur Schule gehen und ihre Freunde besuchten sie nur selten, denn Coyoacán lag zu weit von der Hauptstadt entfernt. Frida mußte im Bett ausharren, durfte meist nicht einmal sitzen und schrieb Briefe an Alejandro, der sich mehr und mehr von ihr zurückzog:

20. Oktober 1925: »Du kannst Dir nicht vorstellen, wie weh mein Arm tut. Jedesmal, wenn sie daran ziehen, vergieße ich einen Liter Tränen, obwohl es ja heißt, daß man einem hinkenden Hund und einer weinenden Frau nicht glauben darf.«

5. Dezember 1925: »Das einzig Gute ist, daß ich schon anfange, mich ans Leiden zu gewöhnen.«

10. Januar 1927: »Mir geht es wie immer, schlecht. Es ist so langweilig, ich weiß schon nicht mehr, was ich tun soll, denn nun geht dies bereits seit einem Jahr so, und mir hängt die Sache schon dermaßen zum Hals raus [...] Ich bin *buten, buten** gelangweilt!!!«[7]

2. April 1927: »Der alte Arzt sagt mir, daß ein gut angepaßtes Korsett gute Wirkung hätte, man müsse es

ausprobieren, sonst würde mich der Teufel holen. Am Montag wird man es mir im Französischen Krankenhaus anpassen. ... Der einzige Vorteil, den diese Schweinerei haben wird, ist, daß ich dann werde gehen können, aber da mir beim Laufen das Bein sehr weh tun wird, hebt sich dieser Vorteil wieder auf. Außerdem werde ich mit diesem Gestell gar nicht auf die Straße gehen können, da würden sie mich mit Sicherheit sofort ins Irrenhaus bringen lassen. ... Ich bin angewidert, mit A von ach, ach, ach!«

25. April 1927: »Gestern ging es mir so schlecht und ich war so traurig. Du kannst Dir nicht vorstellen, zu welcher Verzweiflung einen diese Krankheit treibt, sie ist eine kaum beschreibbare, schreckliche Qual.«

30. April 1927: »Am Freitag haben sie mir das Gipskorsett angepaßt, und seither erlebe ich ein unvergleichliches Martyrium; ich ersticke, ein grausamer Schmerz in den Lungen und im ganzen Rücken, das Bein kann ich nicht mal berühren und fast kann ich nicht mehr laufen, und schlafen noch weniger. Stell' Dir vor, daß sie mich zweieinhalb Stunden am Kopf aufgehängt haben, und danach durfte ich noch über eine Stunde lang nur auf den Fußspitzen stehen, während er mit heißer Luft getrocknet wurde ... Drei oder vier Monate lang werde ich dies Martyrium ertragen müssen, und wenn es mir nicht hilft, möchte ich wirklich sterben, denn ich kann nicht mehr.«[8]

1927 trat Alejandro eine Europareise an. Allem Anschein nach war dies ein Einfall seiner Eltern, um den Sohn von der todkranken Frida fernzuhalten. Im Juni 1928 endete schließlich ihre Liebesbeziehung.

In dieser für Frida so schrecklichen Zeit der Einsamkeit, Unbeweglichkeit und Verbitterung kam ihre Mutter auf die Idee, am Himmelbett ihrer Tochter einen Spiegel anbringen zu lassen und ihr Malutensilien zu besorgen. Frida, deren Talent zum Malen in ihrer Schulzeit kaum zu Tage getreten war, begann am Tiefpunkt ihres Lebens ihre größte Begabung zu entwickeln. Nun studierte sie stundenlang kunsthistorische Bücher und begann ihre Schwestern und Freunde zu porträtieren. In den Jahren 1926–1928 entstanden über ein Dutzend Gemälde, unter anderem auch ihr erstes bedeutendes *Selbstbildnis mit Samtkleid* von 1926, das wie andere ihrer frühen Werke unverkennbare Züge der italienischen Renaissance trägt. Sie schenkte es Alejandro und nannte es ihren kleinen Botticelli. Ihr langgestreckter Hals erinnert an Werke von Modigliani, die grazile und sehr stilisierte Hand streckt sie nach dem Betrachter aus, vielleicht eine Geste der Versöhnung mit Alejandro. Auf dem schwarzblauen Hintergrund wirkt ihr Körper zerbrechlich und blaß, doch Haltung und Blick verraten die Stärke ihrer Persönlichkeit.

Diego Rivera

Während Frida Kahlo sich ihr künstlerisches Wissen und Können erst im Alter von etwa 19 Jahren autodidaktisch aneignete, wurde Diego Riveras Talent zum Malen schon sehr früh erkannt und gefördert. José Diego María, der zusammen mit seinem Zwillingsbruder José Carlos María am 8. Dezember 1886 in der mexikanischen Stadt Guanajuato geboren wurde, war der erste Sohn María und Diego Riveras. Seine Mutter hatte bereits drei Fehlgeburten erlitten, und so war die Freude über die Geburt der Zwillinge besonders groß. Als Diegos Zwillingsbruder Carlos im Alter von eineinhalb Jahren starb, sorgten sich die Eltern, daß ihrem einzigen noch verbliebenen Sohn dasselbe widerfahren könnte. Sie rangen sich deshalb dazu durch, Diego – genau wie das mit Frida geschehen war – in die Obhut einer indianischen Amme zu geben. Antonia, die auf dem Land lebte, nährte den kleinen Diego an ihrer Brust und an dem Euter einer Ziege, wie Rivera in seiner Autobiographie *My Art, my Life* selbst berichtete.[9] Von seinem zweiten bis zu seinem vierten Lebensjahr hatte er neben seiner leiblichen Mutter auch noch eine Indio- und eine Ziegenmutter, und aus dem hageren, kränklichen Kind wurde ein kräftiger Junge. Als Diego drei Jahre alt war kam seine Schwester María zur Welt, die Riveras waren wieder eine ›komplette‹ Familie.

Diego Rivera
Nôtre Dame Paris 1909
Öl auf Leinwand
144 x 133 cm
Museo Nacional de Arte (INBA),
Mexiko-Stadt

rechts:
Diego Rivera
*Mutterschaft – Angelina und
das Kind Diego* 1916
Öl auf Leinwand
132 x 86 cm
Museo de Arte Alvar y Carmen T. de
Carrillo Gil, MCG-INBA, Mexiko-Stadt

Die Eltern waren beide von Beruf Lehrer. Schon im Alter von vier Jahren brachten sie ihrem Sohn Lesen bei, später glänzte er in der Schule durch seine überdurchschnittlichen Leistungen und schon mit zehn Jahren nahm er Abendunterricht für bildende Künstler an der ›Academia de San Carlos‹. Zwei Jahre später widmete er sich bereits ganz und gar dem Kunststudium. Er war unter anderem Schüler des Landschaftsmalers José María Velasco, der Einfluß auf seine frühen Werke nahm. 1906 erhielt er ein Stipendium, das ihm als finanzielle Grundlage für seine Europareise diente. Von 1907 bis 1908 reiste er durch Spanien und befaßte sich mit dem spanischen Realismus, studierte im Prado die Werke von Goya, El Greco, Velázquez, Brueghel, Cranach, Hieronymus Bosch und die der flämischen und italienischen Meister, versuchte sich in mehreren Stilrichtungen und begann sich in Künstlerkreisen zu bewegen. Seine Malerei während des Spanienaufenthalts sah er jedoch selbst als seine banalste Schaffensperiode an.

1909 unternahm er Reisen nach Frankreich, Belgien, Holland und England. In Brüssel lernte er die russische Malerin Angelina Beloff kennen, die er heiratete und mit der er zehn Jahre seines Lebens gemeinsam in Paris verbrachte, obgleich er ihr, wie jeder Frau, nicht treu bleiben konnte. Sie gebar ihm seinen ersten Sohn Diego. Da das Paar das Kind im ärmlichsten Künstlermilieu großziehen mußte, starb dieses schon im zweiten Lebensjahr, durch Kälte und Hunger entkräftet, an einer Grippe. Einziges Zeugnis dieses Sohnes bleibt das kubistische Gemälde *Mutterschaft – Angelina und das Kind Diego* von 1916. Auffallend für dieses Werk ist seine farbliche Leuchtkraft, die für Rivera typisch, für den Kubismus aber eher ungewöhnlich ist.

Von 1913 bis 1918 machte sich Rivera einen Namen in der kubistischen Bewegung und brachte exzellente Werke wie *Zapatistische Landschaft – Der Guerrillero* von 1915 hervor. Er freundete sich mit Picasso an, dem Meister dieser Gattung, der sich sehr für Riveras Kunst aussprach. Bis auf kurze Reisen nach Mexiko, Spanien und Italien lebte er zwölf Jahre lang in Paris.

Diego Rivera
*Zapatistische Landschaft –
Der Guerrillero* 1915
Öl auf Leinwand
144 x 123 cm
Museo Nacional de Arte,
MUNAL-INBA, Mexiko-Stadt

1921 kehrte er schließlich nach Mexiko zurück. Er hinterließ in Europa neben seiner ersten Frau Angelina seine Tochter Marika, die aus der stürmischen Affäre mit der Russin Marevna Vorobëv-Stebelska hervorgegangen war und von der er sein Leben lang nichts wissen wollte.

Die Heimkehr nach Mexiko ging mit Riveras Stilfindung einher. Übermannt von der Schönheit und dem kulturellen Reichtum seines Heimatlandes, das er dank des gewonnenen Abstandes in neuem Licht wiedersah, fand er zu einer natürlichen Leichtigkeit in der Malerei, ganz so, als hätte er nie etwas anderes getan. »Mein Stil wurde wie ein Kind geboren, in einem Augenblick, mit dem Unterschied, daß diese Geburt nach einer qualvollen 35jährigen Schwangerschaft stattfand.«[10]

Von José Vasconcelos wurde Rivera zusammen mit anderen Wandmalern, unter anderen Orozco und Siqueiros in das kulturelle Programm der Regierung aufgenommen. Er wurde auf eine Reise nach Yucatán eingeladen, wo er sich mit der mexikanischen Kultur und den archäologischen Schätzen des Landes vertraut machen sollte. Das Projekt Vasconcelos zur Bemalung der ›Escuela Nacional Preparatoria‹ durch mehrere bekannte Wandmaler leitete den Beginn der populären Muralistenbewegung[11] ein. Riveras erstes Wandgemälde *Die Schöpfung* (1925) im Amphitheater Bolívar der ›Prepa‹ ist die gelungene Melange europäischer, insbesondere italienischer Stilelemente mit traditionellen mexikanischen Komponenten, wie zum Beispiel der ausdrucksstarken Farbigkeit. Dargestellt wird das christlich-europäische Thema der Schöpfung mit Menschen unterschiedlicher Hautfarben als Protagonisten. Für den Frauenakt der Eva stand ihm Guadalupe Marín Modell, die er

Diego Rivera
Die Schöpfung 1925
Fresko mit Enkaustik und Blattgold
Wandfläche 109,64 qm
Museo de San Ildefonso, Mexiko-Stadt

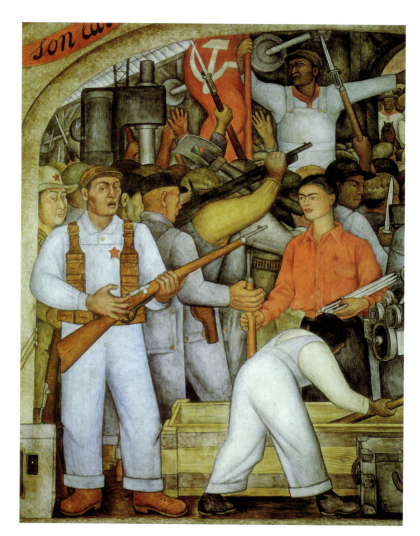

Diego Rivera
*Das Waffenarsenal –
Frida Kahlo verteilt
Waffen*
Detail aus dem Zyklus:
*Politisches Traumbild
des Mexikanischen
Volkes (Hof der Feste)*
1928
Wandfläche 2,03 x 3,98 m
Secretaría de Educación
Pública-SEP, Mexiko-Stadt

rechts:
Diego Rivera
*Die befreite Erde mit den durch
den Menschen kontrollierten Naturkräften*
Wandbild aus dem Fresko: *Lied an die Erde
und die, die sie bearbeiten und befreien*
1926–27 Fresko
Hauptschiff, Wandfläche 6,92 x 5,98 m
Kapelle der Universidad Autónoma de Chapingo,
Escuela Nacional de Agricultura, Chapingo

1922 kirchlich ehelichte und die ihm seine beiden Töchter Guadalupe und Ruth schenkte.

1922 war für Rivera in zweierlei Hinsicht ein bedeutendes Jahr: Zum einen trat er der Kommunistischen Partei Mexikos (PCM) bei und engagierte sich von da an mit zahlreichen Beiträgen für deren Parteiorgan *El Machete*. Zum anderen begann er bei der Ausmalung des Erziehungsministerums Secretaría de Educación Pública (SEP) mitzuwirken. Er bemalte insgesamt eine Fläche von 1600 Quadratmetern in den Arkadengängen der beiden Innenhöfe des

dreigeschossigen Gebäudes und arbeitete daran bis zur Vollendung im Jahre 1928. Ein Bild der Proletarischen Revolution ist *Das Waffenarsenal* (1928), in dem Rivera einige seiner Freunde, wie den Künstler David Alfaro Siqueiros, den kubanischen Kommunisten Julio Antonio Mella, dessen Lebensgefährtin, die Fotografin Tina Modotti, und Frida Kahlo abbildet. Es ist das erste Mal, daß Rivera seine zukünftige Frau darstellt. Burschikos und selbstbewußt verteilt sie mit ihren Freunden Waffen an das Volk.

Noch während Rivera in der SEP arbeitete, bekam er den Auftrag, die Landwirtschaftsschule und die Kapelle von Chapingo zu bemalen. Die Freskenzyklen des Kirchengebäudes sind *Die soziale Revolution* auf der linken Seite des Schiffes und *Die natürliche Evolution* auf der rechten Seite. An der Stirnseite des Gebäudes thront als Symbol der Fruchtbarkeit der Akt seiner schwangeren Frau Guadalupe. Des weiteren stand auch Tina Modotti dem Künstler Modell und es kam zu einer Affäre, die zur vorläufigen Trennung von Guadalupe führte.

1927 trennte sich Rivera endgültig von seiner zweiten Frau. Er entschloß sich zu einer Reise nach Berlin, wo er einer öffentlichen Kundgebung Hitlers beiwohnte und sich ein Bild von der Situation Deutschlands in den zwanziger Jahren machte. Er verbrachte neun Monate in Moskau, wo er unter anderem an der Zehnjahrfeier der Oktoberrevolution teilnahm und eine der eher seltenen Reden Stalins hörte. Seine Ankunft in Moskau bezeichnete Rivera später als den freudigsten Augenblick seines Lebens, da er dort einer Realität begegnete, die ganz seiner Überzeugung und seinen sehnlichsten Wünschen entsprach.[12] Ein von ihm erhofftes Wandmalerei-Projekt im Klub der Roten Armee kam jedoch aufgrund von politischen Differenzen nicht zustande, und so wurde ihm von der stalinistischen Regierung bald nahegelegt, das Land zu verlassen. Rivera kehrte im August 1928 nach Mexiko zurück.

Die Taube und der Elefant

Über die erste ernsthafte Begegnung des Künstlerpaares Kahlo und Rivera gibt es viele Versionen, nicht zuletzt deshalb, weil beide sie jedes Mal anders erzählten.

Es ist sehr wahrscheinlich, daß sie durch Tina Modotti miteinander bekannt gemacht wurden, die zu jener Zeit in ihrem Haus regelmäßig Gesprächsabende veranstaltete. Frida Kahlo erinnerte sich: »Die Begegnung fand zu einer Zeit statt, als alle Leute mit Pistolen bewaffnet herumliefen; wenn es ihnen Spaß machte, schossen sie einfach die Straßenlaternen der Avenida Madero aus und zogen sich dadurch natürlich Ärger zu. Nachts zerschossen sie sie der Reihe nach, oder sie ballerten aus Jux in der Gegend herum. So schoß auch Diego einmal auf das Grammophon bei einer von Tinas Parties. Damals fing ich an, mich für ihn zu interessieren, obwohl er mir zugleich Angst machte.«[13]

Die bekanntere Variante über die erste Begegnung der beiden ist jedoch, daß Kahlo den Meister wegen ihrer Malerei um Rat fragte: »Sobald sie mich wieder auf die Straße hinaus ließen, klemmte ich mir meine Bilder unter den Arm und machte mich auf den Weg zu Diego Rivera, der damals gerade im Erziehungsministerium an Wandmalereien arbeitete. Ich kannte ihn noch nicht persönlich, aber ich bewunderte ihn über alle Maßen. Ich war so kühn, ihn von seinem Gerüst herunterzubitten und ihn über meine Bilder um seine Meinung zu fragen. Ohne große Umschweife rief ich: ›Diego, komm doch mal runter!‹, und wie es seine bescheidene und liebenswürdige Art nun einmal ist, kam er auch. ›Also, ich bin nicht zum Flirten hergekommen‹, habe ich gesagt, ›auch wenn du als Charmeur bekannt bist. Ich will dir meine Bilder zeigen. Falls du sie interessant findest, sag's mir; wenn nicht, sag's mir auch, dann werde ich eben etwas anderes arbeiten, um meine Familie damit zu unterstützen.‹ Er schaute sich die Sachen eine Weile an und sagte dann: ›Zunächst einmal das Selbstporträt, das gefällt mir, das ist originell. Die anderen drei Bilder scheinen mir von Sachen beeinflußt, die du irgendwo gesehen haben mußt. Jetzt geh nach Hause und mal noch ein Bild. Am nächsten Sonntag komme ich und werde dir sagen, was ich davon halte.‹ Das tat er dann auch, und sein Urteil war, daß ich Talent hätte.«[14]

Kahlo bezauberte Rivera durch ihre mädchenhafte Anmut, ihre Unbefangenheit, ihr freches, ungestümes Wesen und nicht zuletzt durch ihr natürliches Talent für die Malerei. Bald besuchte Rivera sie jeden Sonntag im Blauen Haus und machte ihr ernsthaft den Hof. Eines Tages nahm Fridas Vater Rivera zur Seite und fragte ihn: »Ich habe den Eindruck, Sie interessieren sich für meine Tochter, nicht wahr?« »Das kann man wohl sagen«, antwortete dieser, »sonst würde ich nicht so oft den weiten Weg nach Coyoacán herauskommen.« »Wissen Sie, daß sie ein Satansbraten ist?« fragte Guillermo Kahlo. »Ist mir klar«, entgegnete Rivera. »Also gut, ich habe Sie gewarnt«, bekam er von Guillermo zur Antwort.[15]

Am 21. August 1929 fand Kahlos und Riveras Hochzeit in engem Kreise statt. Es war seine erste standesamtliche Vermählung. Die Braut lieh sich für die Zeremonie Rock, Bluse und *rebozo*, einen mexikanischer Schulterumhang, von ihrem Dienstmädchen aus, der Bräutigam trug einen unscheinbaren grauen Anzug. Kahlos Eltern waren von der Vermählung nicht sehr angetan, da Diego Rivera ihrer Meinung nach wie ein vollgefressener Brueghel aussah und das ganze Spektakel der Hochzeit eines Elefanten mit einer Taube ähnelte. Trotz des bescheidenen Rahmens meinte Guillermo Kahlo mitten in der Zeremonie, ob dies nicht ein bißchen zuviel Theater sei.[16]

Auf Kahlos und Riveras Hochzeitsfeier kam es zu mehreren Zwischenfällen. Lupe Marín, die ebenfalls zugegen war, hob ihrer Rivalin den Rock hoch und rief: »Seht ihr diese beiden Stöcke? Mit so was muß Diego jetzt vorliebnehmen, wo er mal meine Beine gehabt hat!«[17] Dann verließ sie triumphierend das Fest.

Frida Kahlo und Diego Rivera in Coyoacán an ihrem Hochzeitstag im August 1929
Foto: Archivo CENEDIAP-INBA, Mexiko-Stadt

Zu fortgeschrittener Stunde war Rivera so betrunken, daß er mit seiner Pistole »herumballerte« und sogar jemandem den Finger brach. Das Hochzeitspaar stritt sich, Kahlo verließ tränenüberströmt die Gesellschaft und die Hochzeitsnacht verbrachten beide getrennt. Erst Tage später zog sie zu Rivera.

Das frischvermählte Paar lebte zunächst in Riveras Haus am Paseo de la Reforma Nr. 104. Er wurde noch im Monat der Vermählung von der Akademie San Carlos, an der er in jungen Jahren studiert hatte, zum Direktor ernannt. Er leitete eine Reihe von Reformen ein, was schließlich Mitte 1930 zu seiner Entlassung führte. Außerdem betraute man Rivera 1929 damit, den Treppenaufgang des Nationalpalastes von Mexiko-Stadt auszumalen, ein umfangreiches Projekt, das ihn über Jahre beschäftigen sollte. Der Bilderzyklus im Nationalpalast beschreibt die Geschichte der mexikanischen Nation von der Zeit vor der Ankunft der spanischen Eroberer bis in die Gegenwart, die durch den Konflikt des traditionellen mit dem durch das nördliche Nachbarland beeinflußten Mexikos geprägt war. Von 1929 bis 1935 gestaltete er im Treppenaufgang drei inhaltlich verknüpfte Fresken, die gemeinsam das *Epos des mexikanischen Volkes*

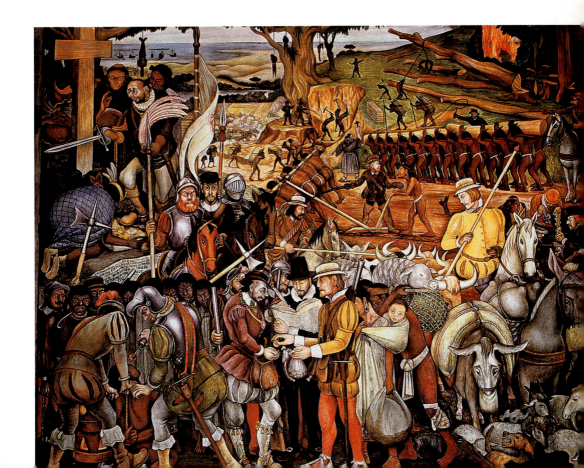

Diego Rivera
Die Eroberung oder Ankunft von Hernàn Cortés in Veracruz, aus dem Freskenzyklus: Präkoloniales und koloniales Mexiko 1942–51
Freskenzyklus auf beweglichen Metallrahmen
Tafel 11 der Ostwand, 4,92 m x 5,27 m
Nationalpalast, Mexiko-Stadt

Diego Rivera
Geschichte von Cuernavaca und Morelos, Eroberung und Revolution 1930–31
Fresko, 8 Wandbilder und 11 Grisaillegemälde
149 qm
Gesamtaufnahme der Loggia
Museo Quaunahuac, Instituto Nacional de Antropologiá e Historia / INAH, Cuernavaca, Morelos
Foto: Rafael Doniz

bilden. 1942 setzte er seine Arbeit im ersten Stock des Innenhofes fort. Die Art, in der Rivera den Kampf des mexikanischen Volkes gegen die Unterdrükkung darstellte, zeigt seine kommunistische Überzeugung. Die explizite und außergewöhnlich dichte Darstellung der verschiedenen historischen Begebenheiten gibt auf unvergleichliche Weise Aufschluß über das fundierte geschichtliche und kunstgeschichtliche Wissen des Künstlers.

Im Dezember 1929 nahm der Muralist den Auftrag des nordamerikanischen Botschafters Dwight W. Morrow an, den Cortés-Palast in der nahegelegenen Stadt Cuernavaca mit Fresken zu schmücken. Rivera arbeitete an dem Wandgemälde *Geschichte von Cuernavaca und Morelos, Eroberung und Revolution* bis Herbst 1930 und Kahlo, die dem Meister häufig über die Schulter blickte, übte regelmäßig Kritik an seinem Werk, was seine Malweise auch nachweislich beeinflußte. In späten Jahren wurde ihm ihr Rat immer wichtiger. Das Paar wohnte in dieser Zeit in Morrows Wochenendhaus in Cuernavaca. Die Ironie des Schicksals wollte es, daß der überzeugte Kommunist Rivera ausgerechnet im Dienste eines amerikanischen Kapitalisten arbeitete. Riveras indifferente Haltung gegenüber seinen Auftraggebern führte unter anderem 1929 sogar zum Ausschluß aus der Kommunistischen Partei. Als der Künstler

Frida Kahlo
Selbstbildnis 1930
Öl auf Leinwand
65 x 55 cm
Museum of Fine Arts, Boston

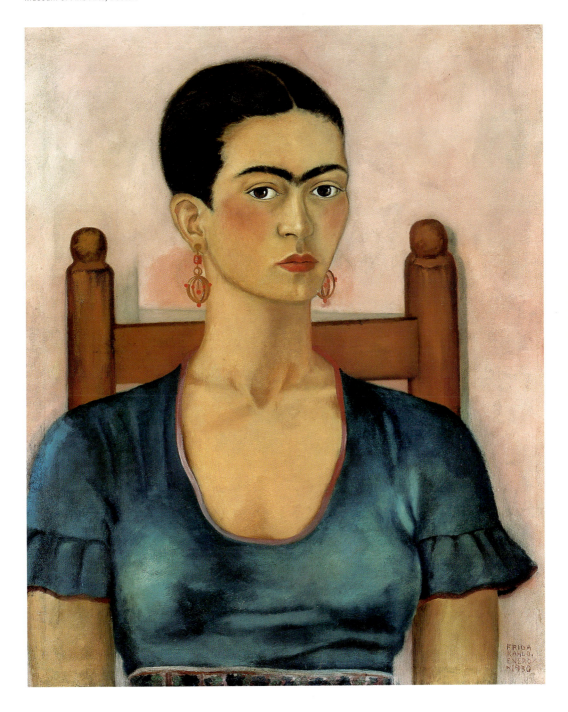

davon erfuhr, inszenierte er seinen eigenen Ausschluß: er setzte sich wie gewöhnlich bei den Zusammenkünften der Partei auf seinen Platz, auf dem Tisch vor sich eine mit einem Taschentuch bedeckte Pistole liegend, und gab bekannt: »Ich, Diego Rivera, Generalsekretär der kommunistischen Partei Mexikos, klage den Maler Diego Rivera an, mit der kleinbürgerlichen mexikanischen Regierung zu kollaborieren. Er hat den Auftrag angenommen, das Treppenhaus im Nationalpalast auszumalen. Dies widerspricht den Interessen der Komintern. Deshalb muß der Maler Diego Rivera vom Generalsekretär Diego Rivera aus der kommunistischen Partei ausgestoßen werden.«[18] Dann stand er auf, hob das Tuch hoch und zerbrach die Pistole. Sie war aus Ton.

Kahlo, die 1928 ebenfalls in die Partei eingetreten war, trat sofort aus ehelicher Solidarität wieder aus, und Rivera, der von dem Parteiausschluß schwer getroffen war, zumal seine kommunistische Weltanschauung unerschüttert blieb, stürzte sich nun noch vehementer in die Arbeit.

Kahlo malte in den ersten Ehemonaten gar nicht und nahm erst zögerlich und widerwillig ihre Arbeit wieder auf, da Rivera Tage und Nächte auf dem Gerüst verbrachte und ihr wenig Zeit widmete. Sie ging in ihrer Rolle als fürsorgliche Ehefrau auf. Mit Liebe bereitete sie ihrem Mann blumengeschmückte Vesperkörbe, so wie er sie gerne hatte, und gesellte sich zu ihm aufs Gerüst. Ausgerechnet Lupe Marín hatte ihr dazu ein paar kleine Geheimnisse »von Frau zu Frau« weitergegeben, und die beiden Konkurrentinnen söhnten sich miteinander aus. Zum Dank für diese gutgemeinten Ratschläge malte Kahlo ein Porträt von ihr.

1929 schuf die Künstlerin ein zweites Selbstbildnis sowie das kleinformatige Gemälde *Der Autobus.*

Vergleichen wir Kahlos Selbstbildnisse von 1929 und 1930 mit dem von 1926, so sehen wir deutlich ihre Hinwendung zum *Mexicanismo,* dem gegen die nordamerikanischen und europäischen Einflüsse gerichteten mexikanischen Nationalstolz. Kahlo fand zu einer eigenen Identität, die sie mit Würde zur Schau trug. So wählte sie von da an die volkstümliche Tracht der Tehuanafrauen des Isthmus von Tehuantepec als Kleidung. Sie schmückte sich mit auffälligem Jade- und Silberschmuck, flocht sich bunte Bänder ins Haar und trug dieses zu Zöpfen geflochten und nach oben gesteckt, mit Blumen und Kämmen verziert. Kahlo machte sich selbst zum Kunstwerk und brachte so gleichzeitig ihre Verbundenheit mit dem mexikanischen Land zum Ausdruck.

In Cuernavaca erlitt Kahlo nach dreimonatiger Schwangerschaft ihre erste Fehlgeburt und verfiel in eine Krise, die durch Riveras Verhältnis mit einer seiner Assistentinnen noch verstärkt wurde. Sie selbst sagte einmal, sie sei in ihrem Leben von zwei schweren Unfällen getroffen worden. Bei ihrem ersten Unfall sei sie von einer Straßenbahn überfahren worden, der andere sei Rivera gewesen.[19]

›Gringolandia‹ – Die Jahre in Amerika

Gegen Ende der zwanziger Jahre war es vorbei mit der mexikanischen Freskenbewegung und die politische Situation spitzte sich soweit zu, daß prokommunistische Äußerungen zur Gefährdung von Leib und Leben führten. Rivera drängte es nach neuen Taten. So kam es, daß er und Kahlo im November 1930 nach San Francisco aufbrachen, wo er einige Arbeiten ausführen sollte. Dort wurden sie von dem bekannten Kunstsammler Albert Bender freundlich empfangen. Seinem großen Einsatz war es zu verdanken, daß das kommunistisch gesinnte Paar überhaupt in die USA einreisen durfte, wofür ihm Kahlo im April 1931 das Hochzeitsbild *Frida und Diego Rivera* widmete. Es zeigt Kahlo als ergebene Frau an der Seite ihres mächtigen Mannes, des gefeierten Künstlers mit Pinseln und Palette in der Hand. Kahlo sah sich zu jener Zeit gerne in der Rolle der unterwürfigen mexikanischen Ehefrau. Eine Taube trägt das Spruchband mit der Widmung für ihren Freund Albert Bender im Schnabel.

links:
Frida Kahlo und Diego Rivera, um 1930
Foto: Manuel Alvarez Bravo, 1930

rechts:
Frida Kahlo
Frida und Diego Rivera oder
Frida Kahlo und Diego Rivera 1931
Öl auf Leinwand
100 x 79 cm
San Francisco Museum of Modern Art,
San Francisco

Frida Kahlo
Bildnis Luther Burbank 1931
Öl auf Hartfaser
86,5 x 61,7 cm
Museum Dolores Olmedo Patiño,
Mexiko-Stadt

rechts:
Diego Rivera
Die Verwirklichung eines Freskos 1931
Fresko
5,68 x 9,91 m
San Francisco Art Institute,
San Francisco

Rivera erlebte die acht Monate in San Francisco als eine erfolgreiche und lukrative Periode. Im Dezember 1930 war eine umfangreiche Ausstellung von ihm im California Palace of the Legion of Honor zu sehen, und anschließend begann Rivera mit der Ausführung des Freskos *Allegorie Kaliforniens* im Exchange's Luncheon Club des Pacific Stock Exchange. Ab April 1931 widmete er sich dann in der California School of Fine Arts dem Wandbild *Die Verwirklichung eines Freskos*, auf dem sich der Maler mit dem Rücken zum Betrachter auf dem Gerüst sitzend darstellt. Auch Kahlo, die ihren vielbeschäftigten Mann kaum zu Gesicht bekam, schuf bedeutende Bilder, die eine Veränderung in ihrem Persönlichkeitsstil veranschaulichen. Die Künstlerin war in San Francisco oft alleine oder verbrachte ihre Zeit mit ihrer Freundin, der Malerin Lucile Blanch. Durch die vielen neuen Eindrücke in ihrer Sichtweise bereichert, bewegte sie sich zum phantastischen Realismus hin, was in *Luther Burbank* (1931) unverkennbar zum Vorschein kommt. Hier wird der berühmte Züchter neuer Pflanzenarten als Kreuzung zwischen Mensch und Baum dargestellt. Es ist möglich, daß sich Kahlo bei dieser neuen Ausdrucksform von Zeichnungen ihres Mannes inspirieren ließ, dessen Einfluß in einigen ihrer Werke durchschimmert.

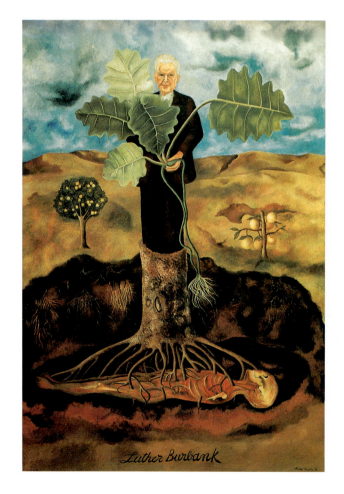

In San Francisco lernte Frida auch ihren lebenslangen Freund und Arzt Leo Eloesser kennen, dessen Rat ihr in vielen Lebenskrisen teuer war. 1930 untersuchte er sie zum ersten Mal und diagnostizierte eine angeborene Rückgratverkrümmung sowie eine fehlende Bandscheibe. Außerdem stand es um ihren rechten Fuß schlecht, sie hatte beim Gehen große Beschwerden.

Frida Kahlo
Bildnis Dr. Leo Eloesser
1931
Öl auf Hartfaser
85,1 x 59,7 cm
University of California,
School of Medicine, San Francisco

1931 widmete sie dem Arzt das *Bildnis Dr. Leo Eloesser,* auf dem er neben einem Modellsegelschiff posiert.

Den Amerikanern war Kahlo nicht sonderlich zugetan. »Gringo-Leute kann ich nicht ausstehen, sie sind langweilig und haben Gesichter wie ungebackene Brötchen, besonders die alten Frauen«, nörgelte sie.[20]

Als das Paar im Juli für kurze Zeit nach Mexiko zurückkehrte, da der Maler an seinem Fresko im Nationalpalast weiterarbeiten sollte, konnte Kahlo endlich wieder die lang entbehrte mexikanische Luft einatmen, in den Gärten des

Blauen Hauses spazieren gehen und sich an der Gesellschaft langjähriger Freunde erfreuen. Rivera gab zu jener Zeit den Bau eines Hauses im Stadtviertel San Angel bei dem befreundetem Architekten und Maler Juan O'Gorman in Auftrag. Das Haus war als Wohnstätte für Rivera und Kahlo gedacht. Tatsächlich handelt es sich um zwei Häuser, ein größeres für ihn und ein kleineres für Kahlo. Die Häuser sind nur durch eine Brücke miteinander verbunden. Rivera brachte hierdurch sein Verständnis von einer unabhängigen Beziehung zum Ausdruck.

Die Freude, in der Heimat zu verweilen, war Kahlo nicht lange vergönnt. Man lud Rivera zu einer großen Retrospektive seines Werkes in das Museum of Modern Art in New York ein. Es war dort die zweite Einzelausstellung nach Matisse, mit dessen Schau das Museum eröffnet worden war. So legte der Künstler seine Arbeit im Nationalpalast ein zweites Mal nieder, so daß erst 1935 die Ausmalung des Treppenaufgangs beendet wurde. Vorerst begab er sich mit seiner Frau nach Manhattan. Die Ausstellung zeigte rund 150 Gemälde, darunter Werke aus seiner kubistischen Phase, Aquarelle und Zeichnungen sowie – und das war die Attraktion schlechthin – sieben transportable Freskotafeln, die Rivera zum Teil für die Ausstellung schuf. Annähernd 60.000 Besucher, darunter einflußreiche Künstler, Kunstkritiker und Mäzene, sahen seine Kunst.

Kahlo, gerade 24 Jahre alt, galt damals eher als schüchtern und zurückhaltend. Sie führte ein Schattendasein an der Seite ihres bedeutenden Mannes und vertrieb sich die Zeit mit ihrer neuen Freundin Lucienne Bloch, der Tochter des Schweizer Komponisten Ernest Bloch. Riveras Popularität verpflichtete Kahlo, sich auf zahlreichen Galadiners zu zeigen und sich in Bohemekreisen zu bewegen, was ihr aus tiefster Seele zuwider war. An Dr. Eloesser schrieb sie: »Diese Oberschichtgesellschaft stößt mich ab, und ich habe eine ziemliche Wut auf all diese reichen Menschen hier, wo ich doch Tausende von Leuten im größten Elend gesehen habe... .«[21]

1932 siedelte das Künstlerpaar nach Detroit über, da Rivera mit der Ausmalung des Innenhofes des Detroit Institute of

Frida Kahlo steht hier vor einem halbfertigen Wandfresko Diego Riveras Modell. Diese Aufnahme entstand 1933 in der New Workers School, New York.
Foto: Lucienne Bloch

Arts betraut wurde. Er sollte dort Wandbilder zum Thema ›Moderne Industrie‹ schaffen, was ihm nicht schwer fiel. Er war begeistert von den Detroiter Fabriken, Fließbändern und Maschinen, besichtigte alle wichtigen Fabrikationsstätten und fertigte unzählige Skizzen an. In dem Freskenzyklus *Die Industrie von Detroit* gelang Rivera die bildliche Darstellung des Henry-Ford-Imperiums aus dem Blickwinkel seiner marxistischen Anschauung. Diese Interpretation wurde toleriert, zumal es damals in Nordamerika als schick galt, den Kommunismus zu dulden – ohne ihm jedoch größere Bedeutung beizumessen. Ein weiterer Grund war die weltweite Rezession, die Ford dazu bewegte, mittels der mexikanischen Kunst seine Sympathie für das Nachbarland zu demonstrieren, von dem er sich neue Absatzmärkte erhoffte.

Frida Kahlo, die sich in Detroit mit ihrem zweiten Vornamen Carmen vorstellte, da ihr deutscher Rufname in dieser Zeit problematisch werden konnte, fiel durch ihre extravagante Kleidung sofort auf. Die Leute drehten sich auf der Straße nach ihr um. Sie war von den Amerikanern mehr und mehr gelangweilt und entwickelte sich zu einer zynischen, selbstbewußten Dame, die in der Öffentlichkeit zunehmend sicher auftrat. So war es geradezu bezeichnend für sie, Henry Ford, der als Antisemit bekannt war, in naiver Manier zu fragen, ob er Jude sei. Man kann sich leicht vorstellen, daß Rivera amüsiert war. Im Hotel Wardell, in dem das prominente Paar residierte und in dem Juden der Zutritt verboten war, gaben die Riveras bekannt, daß sie Juden seien und somit sofort ausziehen müßten, woraufhin das Hotel das Judenverbot unverzüglich aufhob.

Kahlo, die ohnehin wegen ihres kranken Zehs in schlechter körperlicher Verfassung war, wurde in Detroit zum zweiten Mal schwanger. Obgleich sie sich nichts auf der Welt sehnlicher wünschte als ein Kind von Rivera, war sie diesmal hin- und hergerissen, ob sie das Kind aufgrund ihres Zustandes austragen oder abtreiben sollte. Die Entscheidung wurde ihr nach viermonatiger Schwangerschaft auf brutale Weise abgenommen, indem sie ihr Kind am 4. Juli 1932 unter starken Schmerzen verlor. Lucienne Bloch schrieb darüber: »An ihrem Platz im Bett war eine große Blutlache, und auch während des Transportes verlor sie noch Blut. Sie sah so winzig aus, wie eine Zwölfjährige, und ihre Zöpfe waren ganz naß von Tränen.«[22] Man brachte sie ins Henry Ford-Hospital, wo sie in eine schwere Depression verfiel. Es war die Kunst, die Kahlo half und am Leben hielt. Sie verlangte von einem Arzt, ihr medizinische Bücher mit Abbildungen von Embryos zu besorgen, um ihr totgeborenes Kind naturgetreu malen zu können. Da diesem absonderlichen Wunsch nicht nachgekommen wurde, kümmerte sich Rivera schließlich selbst darum und besorgte ihr die gewünschten Bücher. Kahlo machte sich sofort daran, Bleistiftzeichnungen männlicher Embryos anzufertigen. Die beiden Bilder *Henry Ford Hospital* und *Meine Geburt* von 1932 sind erschreckende Zeugnisse ihres damaligen seelischen Schmerzes.

In *Henry Ford Hospital* sieht man eine entblößte, schutzlose Frida Kahlo mit schwangerem Bauch und gräulichem, verweintem Gesicht im Krankenhausbett liegen. Blutlachen umgeben ihren Unterkörper. Die Welt um sie herum ist nüchtern und bedrückend. Durch mehrere Schnüre, die

Diego Rivera
Die Industrie von Detroit oder Mensch und Maschine 1932–33
Fresko
Südwand
The Detroit Institute of Arts, Detroit, Michigan
(Schenkung Edsel B. Ford)

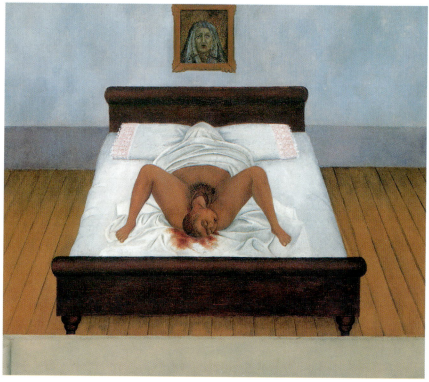

links oben:
Frida Kahlo
Henry Ford Hospital oder Das fliegende Bett
1932
Öl auf Metall
30,5 x 38 cm
Museum Dolores Olmedo Patiño,
Mexiko-Stadt

links unten:
Frida Kahlo
Geburt oder Meine Geburt
1932
Öl auf Metall
30,5 x 35 cm
Privatsammlung, USA

Nabelschnüren gleichen, ist sie mit Sinnbildern der Sexualität (wie der Schnecke und der Blume) und Merkmalen der Fehlgeburt (wie dem Fötus ihres Kindes und dem deformierten Becken) verbunden. Dies ist das erste Gemälde, das Kahlo im traditionellen Stil der ›retablos‹, der mexikanischen Votivbilder, auf Metall malte, eine Technik, deren sich die Künstlerin später noch häufiger bediente. Sie griff damit eine ursprüngliche, volkstümliche Ausdrucksweise des mexikanischen Volkes wieder auf.

Rivera richtete für Kahlo und Bloch eine Lithographiewerkstatt ein, in der Kahlo sofort eifrig begann, auf Lithographiesteine zu zeichnen und diese zu drucken. Das Ergebnis enttäuschte sie allerdings, und somit blieb dies ihr erster und letzter Versuch in der Lithographie.

Als Kahlo im September erfuhr, daß ihre Mutter im Sterben lag, begab sie sich unverzüglich auf die Heimreise. Rivera, der noch immer besorgt um ihren Zustand war, bat Lucienne Bloch darum, seine Frau auf der Reise zu begleiten. Die moderne Technik Nordamerikas versagte allerdings, als Kahlo sie wirklich hätte brauchen können, denn es war weder eine Telefonverbindung nach Mexiko möglich noch war ein Flug zu bekommen, und die geschwächte Kahlo war gezwungen, sich mit dem Zug und dem Bus auf Reisen zu begeben. Erneut begann eine schwere Zeit. Am 15. September starb ihre Mutter an Krebs. Kahlo verbrachte viel Zeit im Schoße ihrer Familie und leistete ihrem Vater Beistand. Doch bald war das Verlangen nach ihrem »geliebten Diego« so groß, daß sie die Trennung nicht mehr aushielt und zu ihm zurückkehrte.

Das ›retablo‹ *Meine Geburt*, das sie schon vor ihrer Reise nach Mexiko begonnen hatte, stellte sie erst bei ihrer Rückkehr in Detroit fertig. Es zeigt ihre in ein Leichentuch gehüllte Mutter bei der Geburt Fridas. Sowohl Mutter als auch Kind erscheinen leblos. Ist es Frida, die den Tod ihrer Mutter heraufbeschwor? Oder wird sie erst durch den Tod ihrer Mutter geboren? Zwischen Mutter und Kind besteht keine Verbindung, Kälte und Isolation beherrschen den Raum. In der Mitte über dem Bett hängt ein Bild der

Schmerzensreichen, einer blutenden und weinenden Jungfrau. Das Spruchband in der unteren Hälfte des Gemäldes, das bei einem echten Votivbild Danksagungen an die verschiedenen wundervollbringenden Heiligen erzählen würde, blieb leer. Kahlo sah keinen Grund, sich zu bedanken. Ihre ›retablos‹ ähneln denen, die in Mexiko in jeder Kirche zu finden sind, nur auf den ersten Blick. Die Darstellungen sind stets dramatischen wahren Begebenheiten entlehnt, in volkstümlich bunten Farben im Kleinformat auf Metall gemalt und mit Spruchbändern versehen. Kahlos ›retablos‹ dienen jedoch nicht der Danksagung, sondern sind als schmerzvolle Klageschreie zu verstehen. *Meine Geburt* ist genauso grausam und ungnädig, wie Kahlo sich vom Schicksal behandelt, oder vielmehr mißhandelt fühlte.

Im Oktober 1932 erhielt Rivera den Auftrag, ein Wandbild im Rockefeller Center in New York zu malen und im Januar 1933 sollte er für die Weltausstellung in Chicago mit einem Fresko zum Thema »Industrie und Maschinenwelt« einen Beitrag leisten. Sein Wandgemälde des Rockefeller Center stand jedoch im Kreuzfeuer der Kritik. Die kommunistische Aussage dieses Werkes – mit Lenin und der Arbeiterklasse auf der einen und den Herrschenden der modernen Welt auf der anderen Seite – wurde den Industriellen doch zu heikel, so daß man das Bild unvollendet zuhängte und Rivera unverzüglich ausbezahlte. Dieser war empört über die Feigheit seines jungen Auftraggebers Nelson Rockefeller, der nichts zu tun gedachte, um diese Schande abzuwehren. 1934 wurde das Bild endgültig zerstört, doch bot sich Rivera noch im gleichen Jahr die Möglichkeit, im ›Palacio de Bellas Artes‹ in Mexiko-Stadt eine Replik des Freskos mit dem Titel *Der Mensch kontrolliert das Universum* oder *Der Mensch in der Zeitmaschine* anzufertigen.

Kahlo hatte keinen anderen Gedanken mehr, als mit ihrem Mann endlich in die Heimat zurückzukehren. Sie führte zahlreiche heftige Diskussionen mit ihm, die von Wutausbrüchen ihres Mannes begleitet wurden und damit endeten, daß er abrupt das Haus verließ und oft erst im Morgengrauen zurückkehrte. Der Maler genoß seinen Erfolg und wollte keineswegs nach Mexiko zurück. Doch Kahlos Sehn-

Frida Kahlo
Mein Kleid hängt dort oder New York
1933
Öl und Collage auf Hartfaser
46 x 50 cm
Hoover Gallery San Francisco,
Erbengemeinschaft Dr. Leo Eloesser

sucht überwog. Wie stark das Heimweh war, sehen wir eindringlich in ihrem Werk *Mein Kleid hängt dort*, dem einzigen Bild, das sie während des neunmonatigen Aufenthalts in New York malte und erst in Mexiko vollendete. Ihr Tehuanagewand hängt einsam und deplaziert mitten im Wirrwarr einer modernen Gesellschaft: sie selbst ist nicht anwesend, sie hat sich jener Welt, die sie als unmenschlich und kulturlos empfindet, längst entzogen.

Kahlo ging aus dem monatelangen Streit als Siegerin hervor. Am 20. Dezember 1933 bestiegen sie den Dampfer Oriente, der in Kuba Zwischenstop machte und sie schließlich nach Mexiko brachte. Kahlo war wieder zu Hause.

Schattenseiten der Beziehung

In Mexiko angekommen bezogen Kahlo und Rivera ihr neues Haus in San Angel. Kahlo hatte ihren Willen durchgesetzt, doch dafür mußte sie bitter büßen, Rivera hielt sich nicht zurück, ihr seinen Unwillen zum Ausdruck zu bringen. Er ließ sich in einen beinahe apathischen Zustand fallen, wollte nicht mehr arbeiten, befand all seine bisherigen Werke für schlecht, wurde krank und gab seiner Frau die Schuld an seinem Unglück. Erst im November 1934 setzte er schließlich die Arbeiten an den Wandbildern im Haupttreppenhaus des Nationalpalastes fort, die er im darauffolgenden Jahr vollendete. Die Ehe war in ernsthafter Gefahr. Sie sollte aber noch mehr in Gefahr geraten.

Kahlo hegte den Verdacht, daß Rivera – wieder einmal – eine Affäre habe. Sie begann ihm nachzuspionieren, und was sie herausfand, traf sie wie ein Schlag ins Gesicht: Rivera hatte eine Beziehung mit Kahlos Schwester Cristina. Frida Kahlo war fassungslos und aufs Tiefste verletzt. Sie wurde von den ihr wichtigsten und liebsten Menschen hintergangen. Hinzu kam ihr schlechter Gesundheitszustand. Sie erlitt eine erneute Fehlgeburt im dritten Monat und mußte sich den Blinddarm entfernen lassen. Ihr rechter Fuß quälte sie so unerträglich, daß sie in die Amputation von fünf Zehen einwilligte.

Rivera beendete die Affäre mit Cristina Kahlo auch nicht, nachdem seine Frau davon erfahren hatte. Diese Liaison versuchte er – wie alle seine Seitensprünge – als charakterliche Schwäche zu erklären: »Wenn ich eine Frau liebte, wollte ich sie um so mehr verletzen, je mehr ich sie liebte; Frida war bloß das deutlichste Opfer meines abscheulichen Charakterzuges.«[23]

Monatelang mußte Kahlo die größte Schmach ihres Lebens erdulden. Besonders erniedrigend war, auf welche Weise Rivera seine Frau gemeinsam mit deren Schwester in dem Wandbild *Mexiko heute und morgen*, einem Teil der Freskentrilogie *Epos des mexikanischen Volkes* im Nationalpalast, abbildete. Cristina verdeckt – adrett gekleidet und in femininer, eleganter Haltung – mit ihren beiden Kindern fast die schräg hinter ihr sitzende unscheinbare Frida. An Dr. Eloesser schrieb Frida: »Die Situation mit Diego wird jeden Tag schlimmer. Ich weiß wohl, daß vieles, was geschehen ist, meine eigene Schuld war, weil ich nicht begriffen hatte, was er von Anfang an wollte, und weil ich mich gegen etwas gewehrt habe, was jetzt nicht mehr nachzuholen ist. Jetzt, nach vielen Monaten gräßlicher Seelenqualen, habe ich meiner Schwester vergeben, und ich hatte gedacht, damit würde sich alles zum Besseren wenden, aber das Gegenteil ist eingetreten. Gewiß, vielleicht ist die Situation jetzt für Diego erträglicher, aber für mich ist es schrecklich geblieben. Ich bin jetzt wieder so entmutigt und derart unglücklich, daß ich nicht weiß, wie es weitergehen soll. Ich weiß, daß Diego zur Zeit mehr an ihr als an mir interessiert ist, und ich sage mir, daß ich kompromißbereit sein muß, wenn ich will, daß er glücklich ist. Aber es kostet mich so viel, das durchmachen zu müssen, und Sie können sich nicht vorstellen, wie ich leide. ...«[24]

In diesem Jahr 1934 war Frida Kahlo nicht imstande, auch nur ein Gemälde zu schaffen.

Diego Rivera
Das vorspanische Mexiko – Die antike indianische Welt, aus dem Freskenzyklus: *Epos des mexikanischen Volkes* 1929–35
Fresko
Nordwand, 7,49 x 8,85 m
Nationalpalast, Mexiko-Stadt

Im darauffolgenden Jahr malte sie die erschreckende Abbildung eines Mordes, der sich tatsächlich zugetragen hatte und in allen Zeitungen zu lesen war. Ein Mann hatte seine Frau erstochen und erklärte später der Polizei, er habe ihr doch nur »ein paar kleine Dolchstiche verpaßt«. Frida griff dieses Ereignis auf und stellte ihr eigenes Leid darin dar. Sie

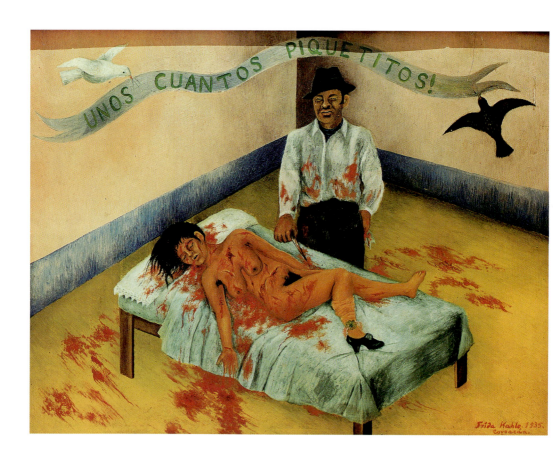

mochte vielleicht Rivera und ihrer jüngeren Schwester vergeben haben, doch sie konnte den Schmerz nicht verwinden. In *Ein paar kleine Dolchstiche* sehen wir den Mörder neben dem Bett stehen, in dem eine nackte Frau mit zerschundenem Körper leblos daliegt. Bettuch, Kleidung des Mörders, Boden, ja sogar der Bilderrahmen sind blutverschmiert. Rivera fügte ihr ja »nur ein paar kleine Dolchstiche« zu, über das Ausmaß seiner Tat war er sich wohl nicht im Klaren.

Frida Kahlo
Ein paar kleine Dolchstiche
1935
Öl auf Metall
29,5 x 39,5 cm (mit Rahmen: 38 x 48,5 cm)
Museum Dolores Olmedo Patiño, Mexiko-Stadt

Auch in späteren Jahren malte Frida Kahlo wiederholt ihren Kummer über die Liaison Cristinas und Diegos wie in dem Bild *Erinnerung oder Das Herz* von 1937. Hier stellte sie sich mit herausgerissenem Herzen dar, das blutend auf dem Boden liegt. Diese simple Darstellung von Liebesqual ist noch besser zu verstehen, wenn man berücksichtigt, daß schon ihre aztekischen Vorfahren den Göttern Menschenherzen opferten und das herausgerissene Herz in der mexikanischen Kunst wiederholt symbolhaft verwendet wurde. So bediente sich Kahlo in Anlehnung an den *Mexicanismo* dieser Metapher.

Auf dem Selbstporträt trägt sie kurzgeschorenes Haar. Tatsächlich hatte sie sich, als Reaktion auf die Affäre, das schöne lange Haar abgeschnitten um Rivera und sich selbst zu kasteien. Sie legte auch für einige Zeit aus

Frida Kahlo
Erinnerung oder Das Herz
1937
Öl auf Metall
40 x 28 cm
Privatsammlung

Frida Kahlo schnitt sich ihre – von Diego Rivera geliebten – Haare ab, nachdem Rivera sie mit ihrer Schwester Cristina betrogen hatte. Die zahlreichen Affären des Malers führten dazu, daß Frida Kahlo nach New York flüchtete und dort ein exzessives Liebesleben führte.
Die Aufnahme entstand 1935.
Foto: Lucienne Bloch

rechts:
Guillermo Davila fotografierte Frida Kahlo mit ihren nachwachsenden Haaren bei einem ihrer Besuche in Xochimilco, Mexiko. Foto: Archivo CENIDIAP-INBA, Mexiko-Stadt

Trauer ihre geliebte Tehuanatracht ab. In dem Bild hängt ihr Tehuanagewand zu ihrer linken, ihre ehemalige Schultracht zu ihrer rechten Seite. Sie selbst ist mit weißem Rock und Bluse sowie einer Jacke bekleidet, die sie auch auf einem Foto von Lucienne Bloch aus dem Jahre 1935 trägt. Es ist eines der wenigen Lichtbilder, auf denen Kahlo mit kurzen Haaren zu sehen ist. In einer Hand hält sie eine Flasche Cinzano, Zeugnis ihres steigenden Alkoholkonsums.

Die Beziehung zu Rivera war dabei, eine dramatische Wende zu nehmen. 1935 verließ Kahlo das Haus in San Angel und mietete eine Wohnung in der Hauptstadt. Später machte sie sich zusammen mit zwei Freundinnen ohne ihren Mann auf den Weg nach New York. Sie ging beinahe wahllos Beziehungen mit Männern und Frauen ein und verlor sämtliche Skrupel. Die Eifersucht ihres Mannes bewog sie, ihre Liebesabenteuer nicht offen zu zeigen, obwohl Rivera sich keine Mühe gab, seine Affären zu verheimlichen. Verblüffend ist, daß er es für legitim hielt, daß seine Frau lesbische Abenteuer hatte: »Das männliche Geschlechtsorgan ist auf eine Körperstelle beschränkt..., das der Frauen dagegen ist über den ganzen Körper verteilt«, sagte er einmal, »deshalb können zwei Frauen miteinander ganz andere und unerhörte Gefühlserfahrungen machen.«[25] Bei heterosexuellen Beziehungen hingegen geriet er vollkommen aus der Fassung. Dies war der Fall, als Kahlo 1935 eine achtmonatige Liebesbeziehung mit dem hübschen Bildhauer Isamu Noguchi unterhielt, der sich Hals über Kopf in sie verliebt hatte. Einem Gerücht zufolge endete die Liaison damit, daß die für das gemeinsame Liebesnest bestellten Möbel versehentlich in Riveras Haus in San Angel geliefert wurden und der Ehemann die Rechnung präsentiert bekam. Einer anderen Erzählung zufolge sind sich die beiden Männer begegnet, als sie beide Kahlo im Krankenhaus besuchen wollten. Rivera soll Noguchi mit einer Pistole bedroht und gewarnt haben, beim nächsten Mal abzudrücken. Kahlo war Noguchi sehr zugetan. Er hatte ihr in einer schweren Lebensphase Trost gespendet und ihr Selbstvertrauen gegeben. Kahlo kehrte jedoch zu ihrem Mann zurück. Die Liebe zu Rivera war nicht zu erschüttern.

Liaison mit Leo Trotzki

Rivera hatte sich bereits 1933 öffentlich für die trotzkistische Partei ausgesprochen. Als 1936 die norwegische Regierung dem russischen Revolutionär Leo Trotzki, der 1929 aus der UdSSR ausgewiesen worden war, den weiteren Aufenthalt verweigerte, setzte sich Rivera, der inzwischen der Internationalen Trotzkistisch-Kommunistischen Liga beigetreten war, beim Präsidenten Lázaro Cárdenas dafür ein, daß Trotzki in Mexiko Asyl gewährt wurde. Dem Gesuch wurde stattgegeben, und im Januar 1937 empfing Frida Kahlo mit zwei Mitgliedern der amerikanischen Trotzkisten Leo Trotzki und dessen Ehefrau Natalia Sedova am Hafen von Tampico. Rivera konnte seine Frau aufgrund seines schlechten Gesundheitszustandes nicht begleiten, was ihn sehr bedrückte. Doch als die Gesellschaft mit einem Sonderzug in Mexiko ankam, war auch er anwesend, da man ihn vorübergehend aus dem Krankenhaus entlassen hatte. Kahlo und Rivera brachten die Trotzkis im Blauen Haus unter, in dem sie bis 1939 unentgeltlich wohnen konnten. Zu jenem Zeitpunkt befand sich nur Fridas Vater im Haus, Kahlo und Rivera wohnten in San Angel. Kahlo wußte um die Bewunderung ihres Mannes Trotzki gegenüber und vielleicht machte ihn gerade dies für sie besonders interessant. Trotzki wiederum hatte eine attraktive, junge Frau vor sich, die, gestärkt durch das Abenteuer mit Noguchi, selbstbewußt und stolz auftrat. *Fulang Chang und ich*, das im selben Jahr entstand, ist ein Bild voller knisternder Erotik. Es zeigt uns eine sinnliche Frida Kahlo, begleitet von einem Affen als Symbol für Lust und Promiskuität. Im Hintergrund befinden sich phallusartige Kakteen. Dies ist das erste Mal, dass ein Affe als Fridas Gefährte erscheint. Um ihren Hals und den des Tieres ist neckisch ein rosafarbenes Band gelegt.

Zwischen Trotzki und Frida Kahlo entwickelte sich bald eine Affäre. Der Russe fügte Büchern, die er ihr lieh, Liebesbriefe bei, und sie trafen sich heimlich bei Cristina. Als Natalia davon erfuhr, wurde die Situation bald unerträglich, und laut Trotzkis Sekretär Van Heijenoort war für den Revolutionär und die Künstlerin »die Herausforderung zu groß. Beide zogen sich zurück. Frida war Diego sehr verbunden, und Trotzki Natalia. Auf der anderen Seite hätten die Folgen eines Skandals zu weit führen können.«[26] Ende Juli fand die Liaison ihr Ende; wer sie beendete, ist nicht bekannt. Rivera selbst hatte von der außerehelichen Beziehung seiner Frau nichts mitbekommen. Am 7. November 1937, Trotzkis Geburtstag und Jahrestag der Oktoberrevolution, machte die

Frida Kahlo auf dem Weg zur Begrüßung Leo Trotzkis in Mexiko.
Foto: Archivo CENIDIAP-INBA, Mexiko-Stadt

Malerin dem Revolutionär ein außergewöhnliches Geschenk: das Gemälde *Selbstbildnis Leo Trotzki gewidmet*, in dem sie sich als elegante Aristokratin der Kolonialzeit präsentierte. »An der Wand in Trotzkijs Arbeitszimmer habe ich ein Selbstporträt von Frida Kahlo Rivera bewundert. In einem Gewand aus vergoldeten Schmetterlingsflügeln, gerade in diesem Aufzug öffnet sie einen Spalt vom Vorhang des Innern. Wir dürfen, wie in den schönsten Tagen der deutschen

Frida Kahlo
Fulang Chang und ich 1937
Öl auf Hartfaser
40 x 28 cm
The Museum of Modern Art,
New York

rechts:
Frida Kahlo
*Selbstbildnis Leo Trotzki gewidmet
oder »Between the Curtains«* 1937
Öl auf Leinwand
87 x 70 cm
The National Museum of Women
in the Arts, Washington D.C.

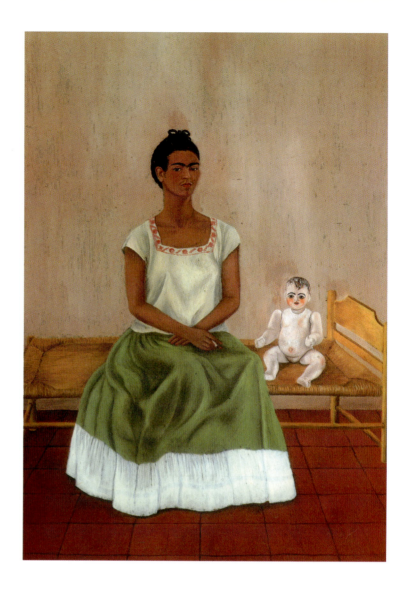

Romantik, dem Auftritt einer jungen Frau beiwohnen, die mit allen Gaben der Verführung ausgestattet ist und deren Wesen sich unter genialen Männern entfaltet.«[27]

Die produktiven Jahre 1937–1938

Frida Kahlo
Selbstbildnis auf dem Bett sitzend oder Ich und meine Puppe
1937
Öl auf Metall
40 x 31 cm
Sammlung Jacques und Natasha Gelman, Mexiko-Stadt

Seit der Affäre mit Trotzki begann Frida Kahlo, ihrem Beruf mehr Aufmerksamkeit zu schenken, und die Jahre 1937/38 wurden zu einer ihrer fruchtbarsten Schaffensperioden. Die Malerei gewann für die Künstlerin zunehmend an Bedeutung und wurde für sie zur Notwendigkeit. Im Frühjahr

Frida Kahlo
Mädchen mit Totenmaske (I)
1938
Öl auf Metall
20 x 14,9 cm
Privatsammlung

unten:
Diego Rivera
Mädchen mit Maske

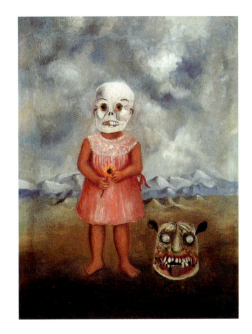

1937 schrieb sie an Ella Wolfe: »... wie du bemerkst, habe ich auch gemalt. Das will schon etwas heißen, wo ich doch mein Leben bisher damit herumgebracht hatte, Diego zu lieben, und, was die Malerei betrifft, noch nichts Nennenswertes vorzuweisen hatte; immerhin male ich jetzt ganz ernsthaft Affen... .«[28]

In diesem Zeitraum beschäftigte sich Kahlo erneut mit dem Thema Mutterschaft, was sich möglicherweise auf eine Fehlgeburt zurückführen läßt. In *Ich und meine Puppe* sitzt sie auf einem einfachen Bett, steif wie die nackte Puppe neben ihr. Kahlos Knie wenden sich der Puppe zu, ebenso wie jene leicht schräg zu ihr gerichtet sitzt. Doch trotz dieser angedeuteten Hinwendung herrscht große Leere zwischen den beiden, was die angezündete Zigarette noch unterstreicht. Kahlos Trauer über ihre Kinderlosigkeit kommt auch in dem Gemälde *Mädchen mit Totenmaske* zum Ausdruck. Solche Masken, wie sie das Kind trägt, sowie die gelbe Blume, die es in der Hand hält, spielten während des »Festes der Toten« in der Nacht von Allerheiligen auf Allerseelen eine wichtige Rolle. Dolores del Rio, der Frida das Bild schenkte, erklärte, daß die Malerin in diesem Bild »ihre Trauer über den Verlust eines Kindes«[29] ausdrücken wollte.

Frida Kahlo
Meine Amme und ich oder Ich nuckele
1937
Öl auf Metall
30,5 x 34,7 cm
Museum Dolores Olmedo Patiño, Mexiko-Stadt

rechts oben:
Frida Kahlo
Bildnis Diego Rivera 1937
Öl auf Holz
46 x 32 cm
Sammlung Jacques und
Natasha Gelman, Mexiko-Stadt

rechts unten:
Frida Kahlo
Früchte der Erde 1938
Öl auf Hartfaser
40,6 x 60 cm
Banco National de México,
Fomento Cultural Banamex, Mexiko-Stadt

Meine Amme und ich, das ebenfalls 1937 entstand, war eines von Kahlos Lieblingsbildern. Tatsächlich wurde sie ja, wie bereits erwähnt, von einer Indiofrau gestillt. Die Amme trägt eine prähispanische Maske, die sie zum Symbol für die mexikanische Kultur macht, mit der sie den Säugling Frida gewissermaßen nährt. Vom trüben Himmel tropft Regen herab, der die Erde befruchtet. Ursprünglich trug Kahlo auf diesem Bild kurzes Haar, weshalb man hier einen Hinweis auf ihre Homosexualität zu erkennen glaubte. Diese Anspielung schien ihr wohl zu offensichtlich gewesen zu sein; denn sie malte sich nachträglich langes Haar.

1937/38 tauchten in Kahlos Schaffen erstmals Stilleben mit Blumen oder Früchten auf. Gegen Ende ihres Lebens überwog diese Gattung schließlich und wurde zu einer Form der Selbstdarstellung. Die Bilder mit tropischen Früchten haben deutlich sexuellen Charakter, und das meist aufgeschnittene Obst erinnert an den verwundeten Körper der Malerin. *Früchte der Erde* ist ein besonders erotisches Gemälde, in dem die Gegenstände an Geschlechtsorgane erinnern. Beherrscht wird das Stilleben von einem phallusähnlichen Pilz, am unteren Bildrand sind zwei Pilzköpfe zu erkennen, die zwei Brüste symbolisieren.

Aus demselben Jahr stammt auch das *Bildnis Diego Rivera*, das einzige Porträt ihres Mannes. Rivera erhielt in den Jahren 1936-40 keine Wandbildaufträge von der mexikanischen Regierung, abgesehen von vier beweglichen Wandtafeln für das Hotel Reforma, die allerdings aufgrund politischer Anspielungen nie gezeigt wurden. Deshalb widmete er sich vor allem der Tafelmalerei. Er ermunterte seine Frau, 1938 an einer Ausstellung der Universitätsgalerie von Mexiko-Stadt teilzunehmen, die in künstlerischen Kreisen als ein besonderes Ereignis gefeiert wurde. Dies war das erste Mal, daß ein Werk Kahlos auf einer Ausstellung zu sehen war. Und als sie im selben Jahr ihren ersten bedeutenden Bilderverkauf hatte, war es wieder Rivera, der dies vermittelte.

Frida Kahlos erste Einzelausstellung in New York

Anfang Oktober 1938 begab sich Kahlo nach New York. Dort bereitete sie ihre erste Einzelausstellung vor, die vom 1. bis 15. November in der Galerie Levy stattfand. Von den 25 Werken konnte ungefähr die Hälfte verkauft werden. Anläßlich der Ausstellung schrieb Rivera am 11. Oktober 1938 an den amerikanischen Kunstkritiker Sam A. Lewisohn und drückte seine Hochachtung gegenüber dem Werk seiner Frau aus: »Ich empfehle Sie Ihnen nicht als Ehemann, sondern als begeisterter Bewunderer ihrer Arbeit, die beißend und zart ist, hart wie Stahl und so fein wie Schmetterlingsflügel, liebenswürdig wie ein schönes Lächeln und tief grausam wie die Bitternis des Lebens.«[30]

In New York genoß Frida Kahlo die neue Freiheit, zusätzlich zu kurzen Affären hatte sie eine ernsthafte und leidenschaftliche Liaison mit dem Fotografen Nickolas Muray. Doch kein Verehrer konnte es wirklich mit Rivera aufnehmen, dem sie wie keinem anderen Mann zutiefst verbunden war. Als Breton Frida Kahlo vorschlug, für sie in Paris im Frühjahr 1939 eine Ausstellung zu organisieren, zögerte die Malerin anfänglich, denn sie schien zu ihrem geliebten Mann zurückkehren zu wollen. Dieser ermunterte sie jedoch in einem Brief vom 3. Dezember 1938, ihre Karriere weiterzuverfolgen: »Sei bloß nicht albern, und laß Dir nicht um meinetwillen die Chance entgehen, Deine Bilder in einer Pariser Galerie auszustellen. Nimm vom Leben alles, was es hergibt, was immer es auch bieten mag, vorausgesetzt, es ist interessant und macht Dir Freude. ... Wenn Du mir wirklich etwas Gutes tun willst, dann merk Dir, daß Du mir keine größere Freude machen kannst, als wenn ich weiß, Du bist froh... Ich kann niemandem böse sein, wenn er diese Frida mag, denn ich mag sie doch auch, und zwar mehr als sonst was in der Welt...«[31]

Kahlo und der Surrealismus

Im Januar 1939 reiste Frida Kahlo nach Paris, wo sie an der Ausstellung ›Mexique‹ in der Galerie Pierre Colle teilnehmen

Frida Kahlo
Selbstbildnis »The Frame«
um 1938
Öl auf Aluminium und Glas
29 x 22 cm
Musée National d'Art Moderne,
Centre Georges Pompidou, Paris

sollte. Trotz ihres Erfolgs – Fridas beringte Hand erschien auf der Titelseite von ›Vogue‹, und die Modeschöpferin Schiaparelli kreierte die »Robe Madame Rivera« – fühlte sie sich einsam. Die Ausstellungsvorbereitung ging nur mühsam voran, und zu allem Überfluß zog sie sich auch noch eine Nierenentzündung zu. In einem Brief an Muray kam nicht nur ihre Abscheu gegenüber dem Gehabe der Pariser Intellektuellen zum Ausdruck, sondern auch Riveras Omnipräsenz, da sie ihren Mann und ihren Geliebten in einem Satz erwähnte: »...Sie leben einfach als Schmarotzer auf Kosten einer Gruppe reicher Angeber, die das vermeintliche künstlerische Genie bewundern. Scheiße, nichts als Scheiße ist das. Ich habe weder Diego noch Dich jemals gesehen, daß ihr Eure Zeit mit dummem Geschwätz und intellektuellen Diskussionen totgeschlagen hättet. Deshalb seid ihr ja auch richtige Männer und nicht bloß jämmerliche ›Künstler‹«.[32]

Am 10. März wurde Kahlos Ausstellung in Paris eröffnet und erhielt positive Kritik. Der Louvre erwarb eines ihrer Werke, das Selbstbildnis *The Frame*. In finanzieller Hinsicht war die Ausstellung nicht sehr erfolgreich.

»Kandinsky war so bewegt von Fridas Bildern,« schrieb Rivera stolz, »daß er sie vor dem ganzen Publikum im Ausstellungsraum in die Arme schloß und hochhob. Er küßte sie auf beide Wangen und auf die Stirn, und dabei liefen

Frida Kahlo
Selbstbildnis Marte R. Gómez gewidmet
1946
Bleistift auf Papier
38,5 x 32,5 cm
Privatsammlung, Mexiko-Stadt

ihm selbst die Tränen vor Rührung über das Gesicht.«[33] Picasso schenkte Frida ein Paar Ohringe in Form zweier Hände, die sie häufig trug und u.a. in der Zeichnung *Selbstbildnis Marte R. Gómez gewidmet* darstellte. Picasso schrieb später an Rivera: »Weder Derain, noch ich oder Du sind in der Lage, einen Kopf so zu malen wie Frida Kahlo«.[34] Auf diese Aussage war Rivera besonders stolz.

In Frankreich lernte die Künstlerin bedeutende Surrealisten kennen. Sie selbst war spätestens durch das von André Breton verfaßte Vorwort im Katalog ihrer New Yorker Einzelausstellung in die Reihen der Surrealisten aufgenommen worden. »Wie groß waren meine Überraschung und meine Freude, bei meiner Ankunft in Mexiko plötzlich zu sehen, daß ihr Werk, obwohl sie die Gründe, die meine Freunde und mich dahin gebracht hatten, gar nicht kannte, gerade mit ihren letzten Gemälden mitten im Surrealismus aufblühte ...« schrieb Breton über ihre Kunst, »Ich füge noch hinzu, daß keine Malerei so ausgesprochen weiblich ist, denn sie gibt sich abwechselnd ganz unschuldig und ganz lasterhaft, um dadurch so verführerisch wie möglich zu wirken. Die Kunst von Frida Kahlo Rivera ist ein farbiges Band um eine Bombe.«[35]

Schon 1938 hatte Kahlo André Breton kennengelernt. Er kam mit seiner Frau Jaqueline nach Mexiko. Die Ehepaare Trotzki, Rivera und Breton freundeten sich schnell an und unternahmen gemeinsam Ausflüge. Kahlo wurde sogar eine Liebschaft mit Jaqueline Breton nachgesagt. Auch der Schriftsteller war begeistert von Frida Kahlo und besonders von ihren Bildern. Sie hingegen mochte ihn weniger leiden. Zu dem außergewöhnlichen Werk *Was mir das Wasser gab*, das zugleich eines ihrer surrealistischsten Gemälde ist, äußerte Breton sich folgendermaßen: »Das Bild, das

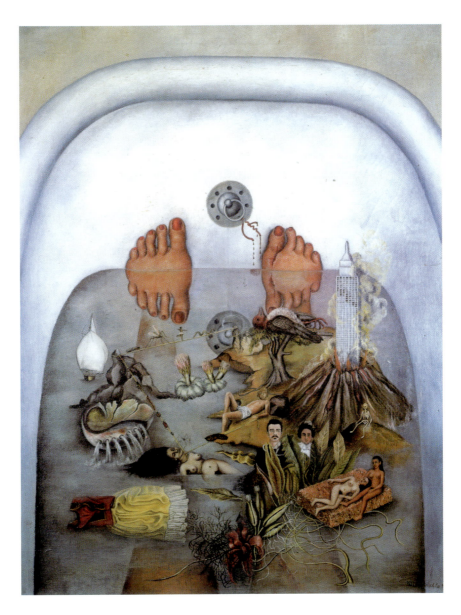

Frida Kahlo
Was ich im Wasser sah oder
Was mir das Wasser gab
1938
Öl auf Leinwand
91 x 70,5 cm
Privatsammlung

Frida Kahlo Rivera gerade abschloß – Was mir das Wasser gab – erläuterte, ohne daß sie es wußte, den Satz, den ich neulich aus dem Mund von Nadja auffing: ›Ich bin der Gedanke über das Bad in dem Zimmer ohne Spiegel‹.«[36]

Bertram D. Wolfe stimmt mit dem führenden Kopf des Surrealismus jedoch ganz und gar nicht überein: »Obwohl André Breton ... ihr sagte, daß sie eine Surrealistin sei, gelangte sie nicht zu ihrem Stil, indem sie der Methode

Frida Kahlo während ihrer Arbeit an *Itzcuintli-Hund und ich*. Das Bild entstand um 1937.
Foto: Manuel Alvarez Bravo

dieser Schule folgte. ... Während der offizielle Surrealismus sich vor allem mit so etwas wie Träumen, Alpträumen und neurotischen Symbolen befaßt, herrschen in Madame Riveras Variante Witz und Humor vor.«[37] Kahlo war also eher eine Entdeckung der Surrealisten als eine Surrealistin, auch wenn sich in ihren Bildern durchaus surrealistische Elemente befinden. Ihr visionärstes, irrationalstes Bild, das stark auf das Unterbewußtsein und die moderne Tiefenpsychologie zurückgreift, ist das bereits erwähnte Gemälde *Was mir das Wasser gab*. Diese äußerst komplexe Wasserfantasie ist voller Symbolik, in der Selbstmitleid und Spott, Obsession und Erotik gleichermaßen zu finden sind. Als am 17. Januar 1940 die Internationale Surrealismus Ausstellung in der Galería de Arte Mexicano in Mexiko-Stadt eröffnet wurde, war nicht nur Frida Kahlo mit ihren einzigen großformatigen Werken – *Die zwei Fridas* und *Die verwundete Tafel* –, sondern auch Diego Rivera mit *Die Hände des Dr. Moore* und *Baum mit Handschuh und Messer* vertreten. Es ist anzunehmen, daß diese beiden surrealistischen Gemälde unter dem Einfluß Bretons entstanden, da Riveras Werk ansonsten kaum Bezug zum Surrealismus aufweist. Rivera zählte seine Frau im übrigen ebensowenig wie Wolfe zu den Surrealisten und betonte immer ihre Eigenständigkeit. Kahlo selbst schätzte sich so ein: »Man hielt mich für eine Surrealistin. Das ist nicht richtig. Ich habe niemals Träume gemalt. Was ich dargestellt habe, war meine Wirklichkeit.«[38]

Am 25.3.1939 reiste Kahlo selbstsicher und durch den Erfolg gestärkt, von Paris nach New York zu Nickolas Muray. Dort beendete er die Liaison, was Frida zutiefst verletzte. Aus einem Brief, den der Fotograf der Malerin Mitte Mai nach Mexiko schickte, gehen seine Beweggründe für diese Entscheidung hervor: »Mir war sehr wohl bewußt, daß New York für Dich bloß vorübergehend eine Lücke ausfüllen konnte, und ich will hoffen, daß Du bei Deiner Rückkehr Deinen vertrauten Hafen unverändert vorgefunden hast. Von uns dreien wart stets Ihr das Paar, das habe ich immer gespürt ...«[39] Noch im April entschloß sich Kahlo, sechs Monate nach der Trennung von Rivera, nach Mexiko zurückzukehren.

Scheidung und Wiedervermählung

Bei ihrer Rückkehr fand Kahlo ihren Hafen keineswegs unverändert vor. Im Sommer 1939 verließ die Malerin das gemeinsame Domizil in San Angel und zog in das Blaue Haus. Auf Riveras Vorschlag hin reichte das Paar im Herbst die Scheidung ein, und ihre Ehe wurde am 6. November 1939 geschieden. Über die Gründe für die Trennung gab es verschiedene Meinungen. Möglicherweise hatte Rivera von Kahlos Liebesbeziehungen zu Trotzki und Muray erfahren, und auch wenn dies nicht ausschlaggebend war, so könnte es doch eine Rolle für ihn gespielt haben. Er wiederum hatte eine Affäre mit der amerikanischen Filmschauspielerin Paulette Goddard. Kahlo freundete sich später übrigens mit Goddard an, wie sie es oft mit ihren Rivalinnen tat. In einem Brief vom 24. Oktober 1940 an ihre Freundin Emmy Lou Packard behauptete Kahlo sogar, Guadalupe Marín sei für die Scheidung verantwortlich gewesen. Tatsächlich hatte Rivera sein Leben lang eine besondere Beziehung zu Lupe. Später schrieb Rivera in seiner Autobiographie über die Zeit der Trennung: »Ich bin nie ein treuer Ehemann gewesen, auch nicht für Frida. Genau wie bei Angelina und bei Lupe gab ich den sich bietenden Versuchungen nach und hatte mancherlei Liebesabenteuer. Als ich Frida in ihrem schlimmen Gesundheitszustand sah, mußte ich mich natürlich fragen, ob ihr denn mit einem solchen Ehepartner wie mir gedient sein könne: Ich wußte, daß wenig für mich sprach, und zugleich war klar, daß ich mich nicht mehr ändern konnte. ... Ich liebte sie viel zu sehr, als daß ich ihr immer neue Leiden verursachen wollte. Deshalb entschied ich mich für die Trennung. ... Sie antwortete mir, daß sie lieber alles mögliche ertragen wolle, als mich ganz zu verlieren. ... Wir waren dreizehn Jahre [de facto nur zehn Jahre] verheiratet gewesen und liebten uns immer noch. Eigentlich wollte ich ja bloß frei sein, um mich jeder Frau zuwenden zu können, nach der mir der Sinn stand. ... Aber wäre es nicht eine Beschränkung meiner Freiheit gewesen, wenn ich ihr das Recht zugestanden hätte, mir Vorschriften über meinen Umgang zu machen? Oder war ich nur das verkommene Opfer meiner Lüsternheit? War es am Ende gar nur ein fauler Trost, wenn ich mir einbildete, daß die

Scheidung Fridas Leiden beenden könnte? Mußte sie auf diese Weise sogar mehr leiden?

Während der beiden Jahre, die wir getrennt lebten, hat Frida einige ihrer besten Arbeiten geschaffen und so den Kummer in ihrer Malerei sublimiert.«[40]

Frida Kahlo
Die zwei Fridas
1939
Öl auf Leinwand
173,5 x 173 cm
Museo de Arte Moderno, Mexiko-Stadt

Ein wenig Selbstgefälligkeit und Eigennutz sprachen durchaus aus dieser Behauptung. Rivera machte es sich natürlich leicht, indem er behauptete, er könne sich nicht ändern und sei das Opfer seiner Begierde. Für ihn schien die Trennung eine Notwendigkeit zu sein, um größere Freiheit zu genießen und Kahlo zu mehr Selbstständigkeit zu zwingen. Doch Kahlo wollte diese Unabhängigkeit nie und litt seelisch und auch körperlich unter der Trennung. Sie hatte Depressionen und trank große Mengen Alkohol. »Ich habe getrunken, um meinen Kummer zu ertränken, aber jetzt hat er das Schwimmen gelernt«,[41] schrieb sie 1938 an Ella Wolfe. Außerdem zog Kahlo sich eine Pilzerkrankung an der rechten Hand zu und hatte starke Schmerzen in der Wirbelsäule.

In ihrem wohl bekanntesten Bild *Die zwei Fridas*, das die Künstlerin kurz nach der Scheidung fertigstellte, versuchte sie die Trennung von ihrem Ehemann zu verarbeiten. Zu sehen sind zwei Selbstporträts, wobei die Frida in Tehuanatracht jene von Rivera geliebte, und die im weißen viktorianischen Gewand die verschmähte Frida darstellt. Beide Personen haben ein bloßgelegtes Herz, womit die Malerin direkt auf ihren Liebeskummer hinweist. »Frida ist in der Kunstgeschichte das einzige Beispiel dafür, daß sich jemand die Brust und das Herz aufriß, um die biologische Wahrheit zu sagen und das, was man in jenen fühlt«, schrieb Rivera vier Jahre später.[42] Die von Rivera verehrte Frida hält ein Kinderporträt ihres Mannes in der Hand, aus dem eine Ader hervorwächst, die beide Frauen nährt. In ihrem Herzen teilt sich die Ader, und eine Hälfte führt zur verstoßenen Frida, wo sich die Ader nochmals spaltet. Ein Aderende ist offen, und die europäische Frida versucht, das Blut mit einer Verschlußklemme zum Stillstand zu bringen, doch es tropft auf das helle Kleid, und Frida droht zu verbluten.

1939 waren nur dieses Gemälde und *Zwei Akte im Wald* – ein eindeutiger Hinweis auf ihre Bisexualität – entstanden. Im darauffolgenden Jahr arbeitete Frida Kahlo deutlich intensiver. Die Künstlerin wollte sich ihren Lebensunterhalt durch ihre Malerei selbst verdienen und behauptete

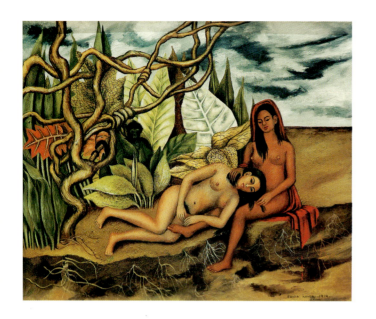

selbstbewußt, sie würde überhaupt von keinem Mann mehr Geld annehmen bis zu ihrem Tode.[43]
Sie fertigte einige Auftragsarbeiten an, wie die für den Kunstsammler Sigmund Firestone, der gleichzeitig bei Kahlo und Rivera je ein Selbstporträt malen ließ. Die Bildnisse weisen das gleiche Format und eine ähnliche Farbgebung auf, beide enthalten eine auf einen Zettel geschriebene Widmung, wie es in der mexikanischen Porträtmalerei des 19. Jahrhunderts üblich war. Rivera stellt sich ein Jahr später nahezu

oben:
Frida Kahlo
*Zwei Akte im Wald
oder Die Erde selbst
oder Meine Amme und ich*
1939
Öl auf Metall
25 x 30,5 cm
Privatsammlung

rechts:
Diego Rivera
Selbstbildnis Irene Rich gewidmet
1941
Öl auf Leinwand
61 x 43 cm
Smith College Museum of Art,
Northampton, Massachusetts

Frida Kahlo
Selbstbildnis Sigmund Firestone gewidmet
1940
Öl auf Hartfaser
61 x 43 cm
Privatsammlung, USA

identisch in dem *Selbstbildnis Irene Rich gewidmet* dar. Kahlos *Selbstbildnis Sigmund Firestone gewidmet* kann man einer Reihe von Porträts zuordnen, die alle eine gewisse Ähnlichkeit aufweisen, sich aber durch Details in der Komposition voneinander abheben. Wieder lassen sie sich biographisch lesen:

Das Gesicht der Malerin ist abgemagert, ihre Augen sind dunkel umrandet. Ihr Antlitz wirkt wie eine Maske, hinter der sich tiefste Trauer verbirgt, die vom Betrachter nur erahnt werden kann. Aus Trotz und Protest schnitt sich Frida

Frida Kahlo
Selbstbildnis mit abgeschnittenem Haar
1940
Öl auf Leinwand
40 x 28 cm
The Museum of Modern Art, New York
(Schenkung Edgar Kaufmann Jr.)

rechts:
Frida Kahlo
Selbstbildnis mit Zopf
1941
Öl auf Hartfaser
51 x 38,5 cm
Sammlung Jacques und Natasha Gelman,
Mexiko-Stadt

Kahlo die Haare ab, wie sie es bereits 1934 getan hatte. Damit verletzte sie nicht nur sich selbst, sondern auch ihren geschiedenen Mann, der ihre langen Haare sehr liebte. Es handelte sich um eine Verzweiflungstat, hinter der ein Hilferuf nach Aufmerksamkeit und Liebe steckte. An Nickolas Muray schrieb sie am 6. Februar 1940: »Ich muß dir etwas Schlimmes mitteilen. Ich habe mir das Haar abgeschnitten und sehe wie eine Elfe aus. Na, es wird hoffentlich wieder wachsen!«[44] Im *Selbstbildnis mit abgeschnittenem Haar* sitzt die Künstlerin in viel zu großer Männerkleidung, die von Rivera stammen könnte, mit kurzgeschnittenen Haaren auf einem Stuhl, das Tatwerkzeug noch in der Hand. Vorwurfsvoll und niedergedrückt blickt sie den Betrachter an. Bis auf den Ohrring und die Schuhe mit Absatz hat sie

sämtliche weiblichen Attribute abgelegt – auf einem Foto von 1947 trägt Frida im übrigen ähnliche Schuhe ebenfalls zu Hosen. Den Liedvers, der am oberen Bildrand zu sehen ist, scheint sie Rivera in den Mund legen zu wollen: »Sieh, wenn ich dich liebte, so war es wegen deiner Haare; jetzt, da du kahlgeschoren bist, liebe ich dich nicht mehr.« Auffälligerweise ist dieses Gemälde das einzige, das sie 1940 mit kurzem Haar zeigt, ansonsten malte sie sich in diesem Jahr stets mit hochgesteckter Frisur. Dies läßt sich vielleicht dadurch erklären, daß ihr Fotos als Vorlage dienten. Auch ist aus dieser Zeit, abgesehen von der Fotografie von G. Davila, auf der Kahlo mit nachwachsendem Haar zu erkennen ist, kein Lichtbild vorhanden, auf dem die Künstlerin mit kurzem Haar zu sehen wäre. Im darauffolgenden Jahr, kurz nach der Wiedervermählung, nahm sie dann ihre Weiblichkeit symbolisch wieder an. In dem Gemälde *Selbstbildnis mit Zopf* scheint sie als Zeichen der Versöhnung die abgeschnittenen Haarsträhnen wieder miteinander verflochten zu haben.

Im Juni 1940 reiste Rivera nach San Francisco, um dort ein Wandbild für die Golden Gate International Exposition auszuführen. Ende Mai war ein mißglückter Anschlag auf Trotzki verübt worden – am 21.8.1940 wurde er dann tatsächlich Opfer eines brutalen Mordes –, und Rivera behauptete, er sei in die USA geflohen, um einer Anklage wegen Mitwisserschaft zu diesem Verbrechen zu entgehen. Doch das Angebot, nach San Francisco zu kommen, existierte schon lange vorher. Das aus zehn Tafeln bestehende Wandbild trägt den Titel *Panamerikanische Einheit* und stellt Szenen aus der nordamerikanischen und mexikanischen Geschichte dar. Im Mittelfeld, das die Verschmelzung der beiden Kulturen zum Inhalt hat, ist Frida Kahlo in Tehuanatracht abgebildet. Rivera fügte ihr Bildnis nachträglich ein, als sie zu ihm nach San Francisco kam. Nach seinen Worten verkörperte sie die »kulturelle Vereinigung der beiden Amerikas zugunsten des Südens.«[45] Rechts hinter Frida Kahlo pflanzen Rivera und Paulette Goddard, die laut Rivera die »amerikanischen Mädchen ... in freundschaftlichem Kontakt mit einem mexikanischen Mann«[46] veranschaulicht, den Baum des Lebens und der Liebe.

Kahlos Gesundheitszustand verschlechterte sich indessen immer mehr, und im September reiste sie nach San Francisco, um sich dort einer Operation bei Dr. Eloesser zu unterziehen. Er war es auch, der als Vermittler zwischen Kahlo und Rivera fungierte und ihr klarzumachen suchte, daß Rivera sich nicht ändern ließe: »Diego liebt Sie sehr, und ich weiß, daß auch Sie ihn lieben. Gewiss, es besteht kein Zweifel daran – und wem wäre das bewußter als Ihnen –, daß Diego außer Ihnen nur zwei Dinge liebt: 1. die Malerei und 2. Frauen im allgemeinen. Er war nie – und wird es auch nie sein – jemand, der in einer dauerhaften Zweierbeziehung lebt, was ja ohnehin töricht und wider die Natur ist.«[47] Rivera wiederum machte der Arzt klar, daß er Kahlos Krankheit in erster Linie für die Folge einer Nervenkrise aufgrund der Scheidung halte und eine Wiedervermählung empfehle. Am 8. Dezember 1940, dem Geburtstag des Wandmalers, gingen Kahlo und Rivera zum zweiten Mal die Ehe ein. Kahlo hatte zuvor jedoch einige Bedingungen an ihren Mann gestellt. »Sie wollte finanziell für sich selbst aufkommen«, berichtete Rivera in seiner Autobiographie, »und vom Erlös ihrer Arbeit leben; ich sollte die Hälfte des Haushaltsgeldes beisteuern, weiter nichts; Geschlechtsverkehr war ausgeschlossen. Sie erklärte diese Bedingung damit, daß es ihr unmöglich sei, die psychologische Barriere zu überwinden, die sich vor ihr aufbaute, wenn sie an alle meine anderen Frauen denken müsse.

Ich war so glücklich, Frida wieder bei mir zu haben, daß ich mit allem einverstanden war«.[48] Der Erzählung nach wurde weder die eine noch die andere Forderung jemals erfüllt.

›Los Fridos‹ und ›Los Dieguitos‹

Als Frida Kahlo Weihnachten 1940 nach Mexiko zurückkehrte, war sie selbstbewußter und unabhängiger denn je und setzte eigene Maßstäbe. Von da an wollte sie das Blaue Haus nicht mehr verlassen. Es wurde für die Malerin zum Universum. Abgesehen von einem Aufenthalt in New York 1946, wo sie sich einer Operation unterzog, unternahm sie keine Reisen mehr. Nachdem Rivera seinen Auftrag in den Vereinigten Staaten ausgeführt hatte, zog er im Februar 1941 zu seiner Frau nach Coyoacán und nutzte das Haus in San Angel nur noch als Atelier und Rückzugsort. Der Maler arbeitete nun vorwiegend an der Staffelei und begann 1942 mit der Ausführung des Freskenzyklus *Präkoloniales und koloniales Mexiko* im ersten Stock des Innenhofes des Nationalpalastes, den er 1951 beendete. Im gleichen Jahr unternahm er den Bau von Anahuacalli, ein Unterfangen, in das er jeden Peso, den er entbehren konnte, investierte. Es handelte sich um ein anthropologisches Museum, das als Heimstätte für Riveras umfangreiche Sammlung präkolonialer Objekte dienen sollte. 1964 wurde es der Öffentlichkeit zugänglich gemacht.

Die Lavaebene im Pedregal-Gebiet, auf der das Museum errichtet wurde, tauchte bei Frida Kahlo zum ersten Mal 1943 in dem Gemälde *Wurzeln* auf und erschien von da an häufig im Hintergrund ihrer Arbeiten.

Frida Kahlo und Diego Rivera im Eßzimmer der Casa Azul. Die Umarmung der beiden und die Geste der schützenden Hand auf Diegos Kopf zeigen, wie sehr Frida Kahlo nun zur Gefährtin und Mutterfigur für Diego Rivera geworden ist. Foto: Emmy Lou Packard mit freundlicher Genehmigung von Don Beatty

In der ersten Hälfte der vierziger Jahre hatte die Künstlerin immer mehr Erfolg: sie nahm an zahlreichen Ausstellungen in Mexiko und in den USA teil, war Mitglied unterschiedlicher kultureller Einrichtungen und führte Auftragsarbeiten aus. Das Bildnis der *Doña Rosita Morillo*, das der Mäzen Eduardo Morillo Safa malen ließ, war eines von Frida Kahlos Lieblingsbildern. Es entstanden vermehrt Halbfigurenbildnisse, die sich leichter verkaufen ließen als ganzfigurige Porträts.

Diego Rivera
Die große Stadt Tenochtitlán, aus dem Zyklus:
Präkoloniales und koloniales Mexiko
1945
Nordwand, 4,92 x 9,71 m
Nationalpalast, Mexiko-Stadt

Im selben Jahr erhielten Kahlo und Rivera Lehraufträge an der 1942 eröffneten Kunstakademie für Malerei und Plastik. Die Schule wurde von den Studenten ›La Esmeralda‹ genannt, da sie ursprünglich in der gleichnamigen Straße lag. Für Rivera war dies die erste Lehrtätigkeit seit seinem erzwungenen Rücktritt als Direktor der Kunstakademie San Carlos im Jahre 1930. Frida Kahlo verlegte ihren Unterricht aus gesundheitlichen Gründen bald ins Blaue Haus. Vielen Studenten wurde der weite Weg nach Coyoacán aber rasch zu beschwerlich. Es blieben nur Arturo García Bustos, Guillermo Monroy, Arturo Estrada und Fanny Rabel, die sich gern ›Los Fridos‹ nannten. Riveras Schüler betitelten sich ›Los Dieguitos‹. Beide Künstler machten mit ihren Schützlingen Ausflüge, besuchten Marktplätze und Nachbarstädte, damit die Schüler sich dort Anregungen aus dem Alltag holen konnten und die Schönheit des Landes schätzen lernten. Rivera schrieb nach Kahlos Tod: »Sie unterrichtete Schüler, die heute zu den bedeutendsten Vertretern der gegenwärtigen Künstlergeneration in Mexiko zählen. Sie drängte sie immer dazu, ihre eigene

Persönlichkeit im Werk zu bewahren und weiterzuentwickeln und dazu, ihre gesellschaftlichen und sozialen Ideen zu verdeutlichen.«[49] Die Künstlerin läßt die Studenten ihren eigenen Arbeitsrhythmus finden und schärft ihren Sinn für Selbstkritik. Im Gegensatz zu ihrem Mann ließ sie »keine Silbe verlauten darüber, wie wir malen sollten oder über Stilfragen, wie man das von Diego Rivera kannte«, erzählte Arturo García Bustos.[50] Fanny Rabel berichtete uns über die

verschiedenen Unterrichtsmethoden: »Rivera konnte aus allem und jedem im Handumdrehen eine Theorie entwickeln, die *maestra* dagegen war instinktiv und spontan.«[51] Damit ihre Studenten auch Wandbilder gestalten konnten, verschaffte Frida ihnen die Möglichkeit, die Fassade der *pulquería* »La Rosita« mit Ölfarben zu bemalen, eine Schenke, in der ausschließlich *pulque* (Agavenschnaps) serviert wurde. Die Pulquería-Malerei versinnbildlichte für Rivera die ursprünglichste Kunstform des mexikanischen Volkes, dank der sich die Wandmalerei in Mexiko durchgesetzt hatte. Das Künstlerehepaar kümmerte sich um die Beschaffung des Materials und beriet die Schüler. Die Einweihung der Fassade wurde zum gesellschaftlichem Ereignis.

Frida Kahlo
Wurzeln oder Der Pedregal
1943
Öl auf Metall
30,5 x 49,9 cm
Privatsammlung, Houston / Texas

rechts:
Frida Kahlo
Bildnis der Doña Rosita Morillo
1944
Öl auf Leinwand, auf Hartfaser montiert
76 x 60,5 cm
Museum Dolores Olmedo Patiño, Mexiko-Stadt

links:
Frida Kahlo
Die gebrochene Säule
1944
Öl auf Leinwand, auf Hartfaser montiert
40 x 30,7 cm
Museum Dolores Olmedo Patiño, Mexiko-Stadt

unten:
Frida Kahlo
Ohne Hoffnung
1945
Öl auf Leinwand, auf Hartfaser montiert
28 x 36 cm
Museum Dolores Olmedo Patiño, Mexiko-Stadt

Von der Frau zur Mutter – vom Mann zum Kind

Ab dem Jahr 1944 schränkte Frida Kahlo ihre Lehrtätigkeit aus gesundheitlichen Gründen ein. Der Arzt verordnete ihr Bettruhe und ein Stahlkorsett; bis zu ihrem Lebensende mußte sie noch 28 weitere tragen! Sie hatte keinen Appetit und nahm stark ab. Es gab Spekulationen darüber, daß ihre physischen Leiden und die zahlreichen chirurgischen Eingriffe ein Mittel waren, ihren Mann stärker an sich zu binden. Ihr Lieblingsarzt Dr. Eloesser war sogar der Meinung, daß viele Operationen unnötig gewesen seien. In den darauffolgenden Jahren entstanden eine Reihe von Selbstbildnissen, in denen sich Kahlo krank und leidend darstellte. Den Auftakt hierfür gab das Gemälde *Die gebrochene Säule* von 1944. Die Künstlerin malte sich nackt in aufrechter Haltung, allein ihr Unterleib wird von einem weißen Tuch, das sie mit den Händen hält, umhüllt. Man sieht nur einen Fingernagel, der lackiert zu sein scheint und im starken Kontrast zu der sonst ungeschmückten und ungeschminkten Frau steht. In dem Lendentuch kann man eine Anlehnung an die christliche Ikonographie sehen, ebenso in den Nägeln, die in der Haut der Dargestellten stecken. Sie weisen auf

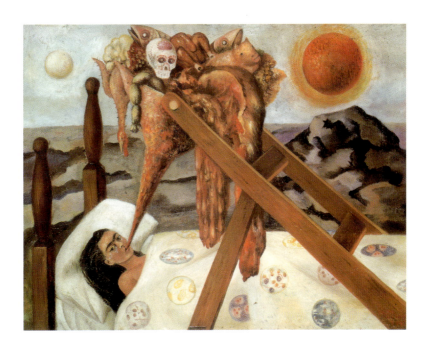

Frida Kahlo
Baum der Hoffnung bleibe stark
1946
Öl auf Hartfaser
55, 9 x 40,6 cm
Privatsammlung

den von Pfeilen durchbohrten heiligen Sebastian hin. Kahlos Körper ist in der Mitte aufgerissen, so daß eine zerbrochene ionische Säule zum Vorschein kommt. Zusammengehalten wird der Leib durch ein orthopädisches Korsett, wie es die Künstlerin im Entstehungsjahr des Bildes tatsächlich tragen mußte. Tränen rinnen aus den leicht geröteten Augen. Es ist ein Bild leise ertragenen Schmerzes.

Desweiteren entstanden die Werke *Ohne Hoffnung*, das auf den Ekel vor der ihr verordneten Ernährung hinweist, und *Baum der Hoffnung bleibe stark*. Dies Gemälde entstand nach einer schweren Operation an der Wirbelsäule, der Frida Kahlo sich in New York 1946 unterzogen hatte. Es handelt sich um ein in zwei Hälften geteiltes Doppel-Selbstbildnis, in dem das dualistische Prinzip besonders gegenwärtig ist. Auf der linken Seite stellt die Malerin das männliche Gestirn, die Sonne, dar. Es ist die Rivera zugewandte, verletzte Hälfte. Auf der rechten Seite sieht man den weiblichen Teil, die Nacht und den Mond. Die Künstlerin malte sich als tapfere Frau, auch wenn eine Träne aus ihrem rechten Auge rinnt. Im selben Jahr entstand auch *Der verletzte Hirsch*, ein Bild, in dem ein durch den Wald springender Hirsch mit prächtigem Geweih zu sehen ist, der Kahlos Kopf mit Ohrring trägt. Das Tier wird wie der bereits erwähnte heilige Sebastian von Pfeilen durchbohrt, aus den Wunden rinnt Blut. Trotzdem strahlt das Bild eine gewisse Leichtigkeit und Schwerelosigkeit aus.

Im September 1946 erhielt die Künstlerin für ihr Werk *Moses oder Schöpfungskern* einen Preis bei der jährlichen

Kunstausstellung im ›Palacio de Bellas Artes‹, den sie trotz ihrer körperlichen Gebrechen persönlich entgegennahm. Das dichte, frei interpretierte Bild voller realer und mythischer Figuren zum Thema Moses und spiegelt ihre Auseinandersetzung mit der Fortpflanzung als Teil des Lebenszyklus. Der Mäzen José Domingo Lavin hatte Frida Kahlo das Buch ›Der Mann Moses und die monotheistische Religion‹ von Sigmund Freud geliehen. Die Künstlerin war so begeistert davon, daß sie das Werk für Domingo Lavin in nur drei Monaten fertigstellte. Später erzählte sie auf einem Vortrag: »Ich las das Buch nur ein einziges Mal und begann gleich unter dem ersten Eindruck zu malen. Gestern las ich es erneut, und ich muß gestehen, daß mir das Bild nun sehr unzureichend erscheint .... Aber nun kann ich ja nichts mehr ändern oder hinzufügen, und so muß ich zu dem Bild stehen, wie es da ist und wie Sie es sehen können. Das eigentliche Thema ist natürlich Moses, oder besser gesagt, die Geburt des Helden, aber ich habe die Tatsachen und Bilder aus dem Buch, die einen Eindruck beim Lesen hinterlassen haben, auf meine eigene (sehr wirre) Art verallgemeinert. Sie können mir ja sagen, ob ich mich geirrt habe oder nicht. Was ich besonders deutlich und klar herausstellen wollte, ist, daß die pure Angst die Menschen dazu treibt, sich Helden und Götter zu erfinden oder vorzustellen.

Frida Kahlo
Der verletzte Hirsch oder Der kleine Hirsch oder Ich bin ein armes Wild
1946
Öl auf Hartfaser
22,4 x 30 cm
Privatsammlung, Houston / Texas

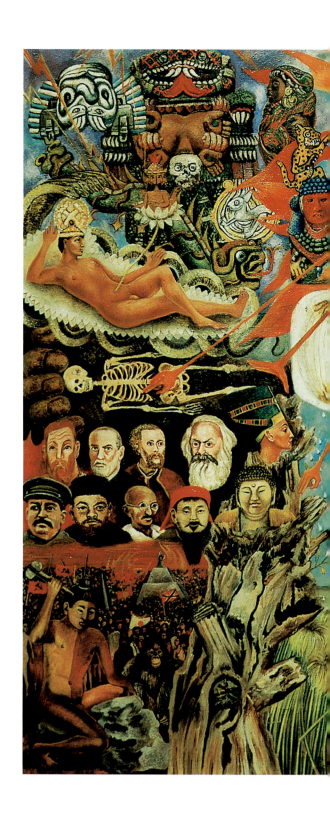

Frida Kahlo
Moses oder Schöpfungskern
1945
Öl auf Hartfaser
61 x 75,6 cm
Privatsammlung, Houston / Texas

Frida Kahlo und Diego Rivera, um 1940 in San Francisco, wo das Künstlerpaar am 8. Dezember zum zweiten Mal heiratete. Foto: Nickolas Muray, International Museum of Photography, George Eastman House, Rochester, New York

Angst vor dem Leben und Angst vor dem Tod. ... Im unteren Zentrum ist das für Freud und für viele andere Wichtigste: die Liebe, dargestellt durch eine Muschel und eine Schnecke, die von stets neuen und lebendigen Wurzeln umschlossenen zwei Geschlechter.«[52] Die Hauptfigur ist also Moses, der die Gesichtszüge Riveras trägt und wie in anderen Arbeiten Kahlos das in die Zukunft sehende »Dritte Auge« auf der Stirn trägt.

In den vierziger Jahren erschien Riveras Gesicht häufig in den Werken der Künstlerin. Nach der Wiedervermählung hatten sich die Rollen beider Ehepartner deutlich gewandelt. Kahlo war selbstständiger geworden und konnte sich besser auf ihren unberechenbaren und selbstsüchtigen Mann einstellen. Sie versuchte, gelassener auf seine Eskapaden zu reagieren, teilte sich selbst die Rolle der beschützenden, wärmenden, aber auch dominierenden Mutter zu. Rivera war für sie längst nicht mehr das große Vorbild, zu dem sie wie eine Tochter bewundernd aufblickte. Auf einem Foto von ihrer ersten Hochzeit steht Rivera neben der sitzenden Frida Kahlo und legt väterlich seinen Arm um ihre Schulter. Ein Lichtbild um 1940 zeigt sie hingegen in umgekehrter Position: Rivera sitzt – allerdings erhabener als die auf dem Hochzeitsbild schüchtern blickende Frida – und seine Frau, die nun ihre Hand auf seiner Schulter ruhen hat, steht.

Das erste Gemälde, auf dem die Künstlerin Rivera und sich selbst nach dem Hochzeitsbild von 1931 festhielt, trägt den Titel *Diego in meinen Gedanken*. Frida Kahlo stellt sich in Tehuanatracht dar, ihr Gesicht ist streng umrahmt von einem Spitzenkranz. Auf ihrer Stirn befindet sich – gleich dem »Dritten Auge« der Weisheit – ein Porträt ihres Mannes, der seinen Blick in die Ferne gerichtet hat. Er wird in diesem Gemälde zur Obsession, was sicherlich der Realität entsprach. Ein weiteres Bild, in dem beide Eheleute abgebildet sind, heißt *Diego und Frida 1929-1944 (I)/(II)*. Kahlo hatte ihrem Ehemann dieses Gemälde 1944 zur Feier ihres fünfzehnten Hochzeitstages zum Geschenk gemacht. Zu sehen sind je eine Gesichtshälfte von beiden, die zu einem Kopf verschmelzen. Ihr Kopf ist kleiner als seiner, schließt

Frida Kahlo
Selbstbildnis als Tehuana oder Diego in meinen Gedanken oder Gedanken an Diego 1943
Öl auf Hartfaser
76 x 61 cm
Sammlung Jacques und Natasha Gelman, Mexiko-Stadt

unten:
Frida Kahlo in der typischen Tracht einer Tehuana-Frau. Silberstein fotografierte die Künstlerin 1942 vor ihrer Sammlung volkstümlicher mexikanischer Keramik.
Foto: Bernhard G. Silberstein

aber durch die hohe Frisur mit den Haaren Riveras ab. Die Kinnpartien gehen jedoch nicht genau ineinander über. Riveras Gesicht lächelt gutmütig, Kahlos dagegen blickt ernst und traurig, vielleicht deshalb, weil sie den Großteil des Jahres 1944 getrennt lebten. Doch unabhängig davon malte sie sich nie wirklich lächelnd, und nur selten, am ehesten bei ihren ersten Selbstbildnissen, gehen ihre Mundwinkel leicht nach oben. Auch auf Fotos ist sie kaum lachend zu sehen, nicht etwa, weil sie nicht gern lachte, sondern weil sie ihre schlechten Zähne nicht zeigen wollte. Um den Hals des Ehepaares windet sich ein Astgebilde, das beide aneinander bindet. Der Mond und die Sonne sowie die Muschel und die Schnecke auf dem Rahmen

Frida Kahlo
Diego und Frida 1929–1944 (II) oder
Doppelbildnis Diego und ich (II)
1944
Öl auf Hartfaser
13,5 x 8,5 cm
Privatsammlung, Mexiko-Stadt

versinnbildlichen das männliche und das weibliche Geschlecht. Die Malerin drückte hier sicherlich den Wunsch aus, mit ihrem Mann eins zu werden, doch nach einer wirklich symbiotischen Verschmelzung sieht das Bild nicht aus.

Die Sonne und das Leben zeigt ebenfalls eine auf das Sexuelle bezogene Symbolik. Die Sonne, die männliche Kraft und Sinnbild für Rivera, spendet Leben und trägt in ihrer Mitte das »Dritte Auge«. Um sie herum ranken sich amorphe Pflanzen in Form von Schamlippen und Phalli. Die tropfenförmigen Samen gleichen den Tränen, wie sie aus dem Auge der Weisheit und den Augen des Embryos fließen. Das Bild ist eine Hommage an das Leben und drückt zugleich den Kummer der Künstlerin darüber aus, keine Kinder geboren zu haben.

Trauernd stellte sich die Künstlerin auch in *Diego und ich* dar. Ihr Haar schlingt sich um ihren Hals, als wolle es sie erdrücken. Selten sieht man Frida Kahlo mit losem Haar. Eines ihrer beeindruckendsten Bilder, in denen sie sich dergestalt präsentiert, ist das *Selbstbildnis mit offenem Haar*. Wie schon in *Diego in meinen Gedanken* thront Rivera auf ihrer Stirn. Frida Kahlo stellte sich wohl deshalb weinend dar, weil ihr Ehemann zu dieser Zeit eine Affäre mit der berühmten Filmschauspielerin María Félix hatte.

Die Sonne und das Leben
1947
Öl auf Hartfaser
40 x 50 cm
Privatsammlung, Mexiko-Stadt

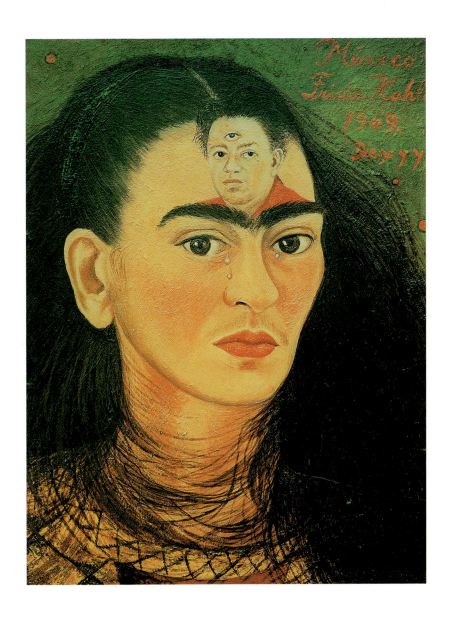

Frida Kahlo
Diego und ich
1949
Öl auf Leinwand, auf Hartfaser montiert
28 x 22 cm
Privatsammlung

Rivera leugnete nicht, wie Tausende von Mexikanern auch in sie verliebt zu sein.[53] Es ging sogar das Gerücht um, daß er die Schauspielerin heiraten wollte, und Jahre später sagte der Maler dazu: »Nach dem Tode von Frida habe ich niemanden auf der Welt mehr bewundert, geschätzt und verehrt als María. Ich glaube, daß niemand sie mehr lieben kann als ich, niemand.«[54] Frida Kahlos Reaktion auf die Liaison bestand wieder darin, sich mit ihrer Rivalin anzufreunden.

Frida Kahlo
Selbstbildnis mit offenem Haar 1947
Öl auf Hartfaser, 61 x 45 cm
Privatsammlung

rechts:
Antonio Kahlo fotografierte seine Tante Frida Kahlo in einem chinesischen Pyjama. Dieses Foto von Cristina Kahlos Sohn ist eines der wenigen Bilder, auf denen die Künstlerin mit offenem Haar abgebildet ist. Es entstand wohl 1947 in Coyoacan. Foto: Antonio Kahlo mit freundlicher Genehmigung von Cristina Kahlo, Mexiko-Stadt.

Frida Kahlo
Die Liebesumarmung des Universums, die Erde (Mexiko), ich, Diego und Herr Xólotl
1949
Öl auf Leinwand
70 x 60,5 cm
Privatsammlung, Mexiko-Stadt

Um mit Riveras Untreue besser umgehen zu können, entwickelte Kahlo ein eher mütterliches Verhältnis zu ihrem Mann. In ihrem Tagebuch, das sie 1944 begann und bis zu ihrem Tode fortführte und das eine der wichtigsten Quellen ihrer Gedanken und Gefühle ist, schrieb sie: »Jeden Moment ist er mein Kind, mein Neugeborenes, jeden Augenblick, täglich, von mir selbst.«[55] Wie eine Mutter, so wiegt die Künstlerin ihren Mann in *Die Liebesumarmung des Universums, die Erde (Mexiko), ich, Diego und Herr Xólotl*. Frida wird wiederum von der Mutter Erde umarmt, und diese vom Universum, das alle, Fridas Lieblingshund Herrn Xólotl eingeschlossen, schützend umfängt. In ihrem Tagebuch findet sich eine Zeichnung, die ihr als Vorlage zu diesem Gemälde diente. An anderer Stelle kann man dort sehen, daß Rivera für sie universelle Bedeutung erlangt hatte:

»Diego Anfang
Diego Erbauer
Diego mein Kind
Diego mein Liebster
Diego Maler
Diego mein Geliebter
Diego »mein Mann«
Diego mein Freund
Diego meine Mutter
Diego mein Vater
Diego mein Sohn
Diego = ich =
Diego Universum
Vielfalt in der Einheit
Warum nenne ich ihn *meinen* Diego? Er war nie mein und wird es nie sein. Er gehört sich selbst.«[56]

Anläßlich einer umfassenden und erfolgreichen Ausstellung im ›Palacio de Bellas Artes‹ zur Fünfzigjahrfeier von Riveras künstlerischem Schaffen im Jahre 1949 verfaßte Kahlo einen Beitrag für den Katalog, den sie ›Bildnis von Diego‹ betitelte. Darin beschrieb sie ihren Mann entsprechend dem hier erwähnten Gemälde: »Mit seinem Kopf von asiatischem Typus, auf dem das dunkle Haar so dünn und fein

Diego Rivera
Ausschnitt aus: *Traum eines Sonntagnachmittags im Alameda Park*
1947–48
Fresko
4,80 x 15 m
Museum Diego Rivera und Frida Kahlo, Mexiko-Stadt

wächst, dass es in der Luft zu schweben scheint, ist Diego ein riesiges Kind, mit freundlichem Gesicht und ein wenig traurigem Blick. Seine hervorstehenden, dunklen, sehr intelligenten, großen Augen stehen nur selten ruhig. ... Zwischen diesen Augen ... kann man das Unsichtbare der orientalischen Weisheit erraten, und nur sehr selten verschwindet von seinem buddhagleichen Mund mit den fleischigen Lippen ein ironisches und zartes Lächeln, die Blüte seines Bildnisses. Sieht man ihn nackt, so denkt man sofort an einen Frosch-Jungen, der auf seinen Hinterbeinen steht. Seine Haut ist grünlich-weiß, wie die eines Wassertieres. Nur seine Hände und sein Gesicht sind dunkler, da die Sonne sie gebräunt hat. Seine kindlichen, schmalen und runden Schultern gehen ohne Absatz in weibliche Arme über und enden in wunderbaren, kleinen und feingezeichneten Händen, die, empfindsam und feinfühlig, wie Fühler mit dem gesamten Universum kommunizieren.«[57] Nicht nur Kahlo, sondern auch Rivera selbst stellte sich mit seiner Frau im Mutter-Sohn-Verhältnis dar.

1947 begann er im ›Hotel del Prado‹ mit der Ausführung des Freskos *Traum eines Sonntagnachmittags im Alameda-Park*. Es ist sein autobiographischstes und letztes großes historisches Wandgemälde, das den Zeitraum von der spanischen Eroberung bis zur mexikanischen Revolution umfaßt. Es herrscht ein goldgelber Farbton vor, der eher unüblich für Rivera ist und den ›Traumcharakter‹ des Bildes noch verstärkt. Das Fresko sorgte für Aufsehen, weil eine der dargestellten Personen, der Politiker Ignacio Ramírez, ein Blatt mit der Aufschrift »Gott existiert nicht« hochhält. Das Wandgemälde mußte verhängt werden, und erst nachdem Rivera 1956 den Spruch durch eine andere Inschrift ersetzt hatte, wurde es der Öffentlichkeit wieder zugänglich gemacht. Im Mittelteil des Freskos stellte sich Rivera als Knaben dar, einen Schirm in der Hand, einen Frosch und eine Schlange in den Taschen. Seine linke Hand wird von der ›Calavera Catrina‹ gehalten, einem karikaturhaften Skelett, welches das eitle Bürgertum darstellt und zugleich als Hinweis auf die aztekische Erdenmutter Coatlicue zu verstehen ist, die oft mit einem Totenkopf abgebildet wurde. Rechts neben der ›Catrina‹ befindet sich ihr Schöpfer, der Graphiker José Guadalupe Posada, den der Wandmaler sehr verehrte. Hinter Rivera steht Frida, die ihm mütterlich eine Hand auf die Schulter legt. In der anderen Hand hält sie das Yin-Yang-Symbol, welches das dualistische Prinzip symbolisiert. Der Künstler verwendete als Vorlage für die Darstellung Kahlos ein Foto, das Nickolas Muray zehn Jahre zuvor von ihr gemacht hatte. Das Bild ist sicherlich das schönste Porträt, das Rivera von seiner Frau gemalt hat.

Frida Kahlo, 1938 / 39. Diese Aufnahme machte Nickolas Muray zu der Zeit, als die Künstlerin und der Fotograf eine Liebesbeziehung hatten.
Foto: Nickolas Muray, International Museum of Photography, George Eastman House, Rochester, New York

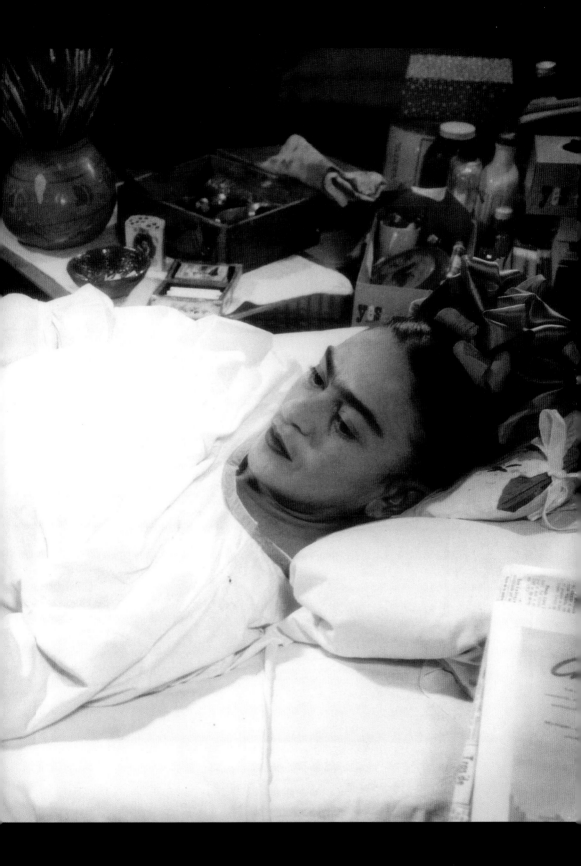

Seite 96–97:
Frida Kahlo, die seit ihrem Unfall häufig im Liegen oder Sitzen malen mußte, hielt sich wegen einer Operation im ABC Krankenhaus auf. Gunzmán photographierte sie dort, als die Künstlerin an ihrem Bild ›Meine Familie‹ arbeitete.
Foto: Juan Gunzmán, 1952.
Foto: Archivio CENIDIAP-INBA, Mexiko-Stadt

Frida Kahlos körperlicher Verfall

Kahlos Gesundheitszustand verschlechterte sich 1950 derart, daß sie das ganze Jahr in einem Krankenhaus in Mexiko-Stadt verbringen mußte. Es wurden sieben Operationen an der Wirbelsäule vorgenommen. Erst im November konnte die Künstlerin wieder – im Liegen – malen, und es entstand das *Familienbild der Kahlos*. Rivera nahm sich für diesen Zeitraum ein Zimmer neben dem ihren. Häufig übernachtete er im Krankenhaus und schenkte ihr viel Aufmerksamkeit, doch nicht immer wendete er sich ihr fürsorglich zu, woraufhin sich Kahlos Gesundheitszustand prompt verschlechterte.

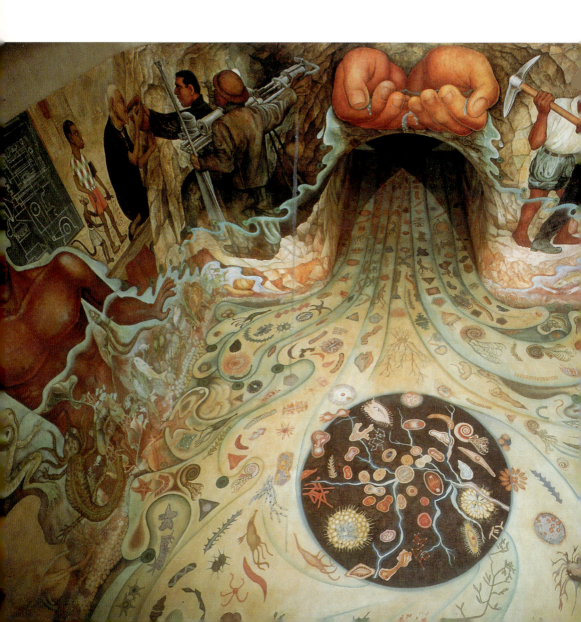

Diego Rivera
Ausschnitt aus: Das Wasser,
Ursprung des Lebens
1951
Freskenzyklus aus Polystyrol und
flüssigem Gummi
Cárcamo del río Lerma, Chapultepec-Park,
Mexiko-Stadt

»Das Auf und Ab ihres Gesundheitszustandes im Krankenhaus«, berichtete Dr. Velasco y Polo, »hing völlig davon ab, wie sich Diego verhielt. ...Sie konnte ihre Schmerzen nicht der Heiligen Jungfrau darbringen, also breitete sie sie vor Diego aus. Er war ihr Heiland.«[58]

Rivera hatte in diesem Jahr eine sehr produktive Phase. Er illustrierte gemeinsam mit Siqueiros die limitierte Auflage des gewaltigen Versepos ›Der Große Gesang‹ des chilenischen Dichters Pablo Neruda und gestaltete den Umschlag. Außerdem setzte er seine Arbeit an den Fresken im Nationalpalast fort, vertrat mit Siqueiros, Orozco und Tamayo sein Land auf der Biennale in Venedig und erhielt die Auszeichnung ›Premio Nacional de Artes Plásticas‹. Im folgenden Jahr verwirklichte Rivera im Wasserschacht des Chapultepec-Parks in Mexiko-Stadt das Wandbild aus Polystyrol *Das Wasser, Ursprung des Lebens* und gestaltete vor dem Gebäude des Wasserschachtes einen Brunnen aus Mosaik-Natursteinen. Bei dem Wandgemälde handelt es sich um eine wunderschöne Allegorie des lebenspendenden Wassers, ohne das der Mensch nicht existieren kann. Zwei riesenhafte Hände schöpfen das blaue Naß vor dem Becken über dem Schacht. Die vom Wasser bedeckte Fläche ist von Lebewesen dieses Elements bevölkert, im übrigen Teil sind Szenen dargestellt, in denen sich der Mensch des Wassers bedient. Das Werk besticht durch seine klaren Pastellfarben und die künstlerische Umsetzung der Dynamik fließenden Wassers. Rivera experimentierte bei dem Wandgemälde mit neuen Pigmenten, die gegen das Wasser resistent sein sollten, doch nahm die Farbkraft in weniger als fünf Jahren erheblich ab.

Frida Kahlo war nach ihrem langen Krankenhausaufenthalt ab 1951 wieder zu Hause in Coyoacán. Doch sie blieb geschwächt und pflegebedürftig. Es entstand ein Porträt ihres 1941 verstorbenen Vaters und als Danksagung an ihren Arzt Dr. Farill das *Selbstbildnis mit Bildnis Dr. Farill*. Wie in einem Votivbild malte sie den Retter in der Not, hier kein Heiliger sondern ein Arzt. Anstatt einer Palette hält die Künstlerin ein Herz in der Hand. In derselben Position und mit derselben Kleidung stellte Rivera seine Ehefrau

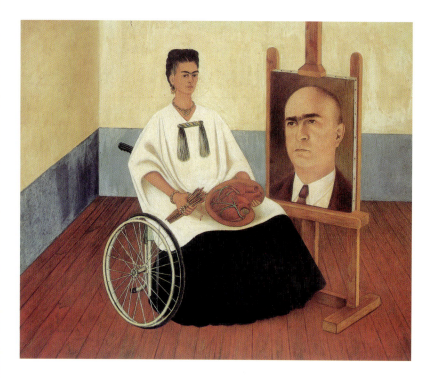

beim Unterschriftensammeln für den Stockholmer Friedensaufruf in der transportablen Wandtafel *Alptraum des Krieges, Traum vom Frieden* dar. Das Wandbild sollte mit der Ausstellung ›Zwanzig Jahrhunderte mexikanische Kunst‹ nach Europa reisen. Die Arbeit wurde jedoch ausgeschlossen, da auf dem Bild u.a. auch Stalin und Mao Tse-tung dargestellt sind.

Frida Kahlo
Selbstbildnis mit Bildnis Dr. Farill oder Selbstbildnis mit Dr. Juan Farill
1951
Öl auf Hartfaser
41,5 x 50 cm
Privatsammlung, Mexiko-Stadt

rechts: Frida Kahlo und Diego Rivera vor dessen Werk *Alptraum des Krieges, Traum vom Frieden* im Jahre 1952. Dieses Wandgemälde malte Diego Rivera im Palast der Schönen Künste. Frida Kahlo, die zu dieser Zeit an den Rollstuhl gefesselt war, diente ihm als Modell.
Foto: Juan Guzmàn, 1952. Archivio CENEDIAP-INBA, Mexiko-Stadt

Rivera blieb ein politisch engagierter Maler. Immer wieder standen seine Wandbilder im Zentrum öffentlicher Diskussionen, was ihn letztlich weltberühmt machte. Kahlo war bereits 1948 wieder in die Kommunistische Partei Mexikos aufgenommen worden. Anfang der fünfziger Jahre gewann die Politik für sie zunehmend an Bedeutung. Ihre kommunistische Überzeugung nahm nahezu religiöse Züge an. Sie wollte nur noch der Revolution dienen und in diesem Sinne malen. »In Bezug auf meine Malerei bin ich sehr unruhig«, schrieb sie 1951 in ihr Tagebuch, »vor allem, weil ich sie zu etwas Nützlichem umgestalten will, denn bisher habe ich damit lediglich einen aufrichtigen Ausdruck meiner selbst geschaffen, der aber leider völlig ungeeignet dazu war, der Partei zu dienen. Ich muß mit all meinen Kräften darum ringen, damit das wenige Positive, das meine Krankheit mir zu tun erlaubt, auch der Revolution nützt. Das ist der einzig wirkliche Grund, zu leben.«[59] Wie ihr Mann, malte auch sie am Ende ihres Lebens Stalin, und in ihren Stilleben erscheinen Friedenstauben. Dennoch stand Frida Kahlos politisches und künstlerisches Engagement in keinem Verhältnis zu dem Riveras, den man durchaus als Revolu-

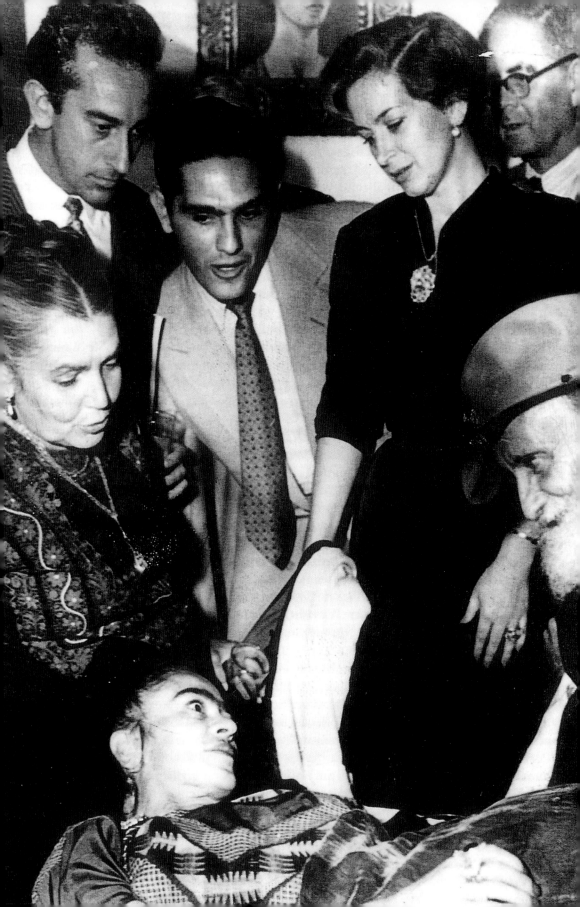

Seite 102-103
Zwei Seiten aus Frida Kahlos Tagebuch
(114 und 115), das die Künstlerin in den Jahren
1946-54 verfaßte. Auf der linken Seite bezeugt
Kahlo ihre kommunistische Überzeugung, auf
der rechten Seite kommt die »persönliche
Zerrissenheit« der Künstlerin zum Ausdruck:
MOND SONNE, ICH ? 1946-54
Mischtechnik auf Papier
Museum Diego Rivera und Frida Kahlo,
Mexiko-Stadt

links:
Frida Kahlo bei der Eröffnung ihrer ersten
Einzelausstellung in Mexiko 1953. Sie war zu
schwach zum Gehen, so daß man sie auf ihrem
eigenen Bett zur Ausstellung bringen mußte.
Foto: Archivo CENIDIAP-INBA, Mexiko-Stadt

Seite 106-107:
Zwei Seiten aus Frida Kahlos Tagebuch
(134 und 135), das die Künstlerin in den Jahren
1946-54 verfaßte. Auf der linken Seite sind
zwei gepeinigte Füße zu sehen, die wohl auf
das lebenslange Fußleiden der Künstlerin
(Wundbrand) hinweisen. Zu dem Zeitpunkt,
als diese Seite entstand (1953), entschloß sie
sich zur Amputation des kranken Fußes. Das
Gedicht unter der Zeichnung lautet: Füße wozu
brauche ich sie - Wenn ich Flügel habe zu
fliegen.
1953
Mischtechnik auf Papier
Museum Diego Rivera und Frida Kahlo,
Mexiko-Stadt

tionär bezeichnen kann. Sie gestand Raquel Tibol, ihrer Biographin, einmal hierzu: »Meine Malerei ist nicht revolutionär. Warum sollte ich mir einbilden, daß sie kämpferisch sei; das kann ich nicht.«[60]

1951/52 trat im Werk Kahlos ein deutlicher Stilwandel ein. Seit ihrer Entlassung aus dem Krankenhaus kamen immer häufiger Stilleben vor, Selbstbildnisse waren nur noch selten. Im Gegensatz zu früher, waren die Stilleben jetzt grob und fahrig gemalt, die Farben wurden aggressiver, die Pinselführung pastoser und der Farbauftrag dicker. Dies läßt sich wohl auch darauf zurückführen, daß sie ständig unter dem Einfluß starker Medikamente und des Alkohols stand. Aus den Bildern spricht Angst und Beklemmung. Die aufgerissenen Früchte erinnern an ihre Wunden, tropfender Fruchtsaft an Tränen. Mehrfach versuchte die Künstlerin, sich das Leben zu nehmen. Sie vereinsamte immer stärker, Rivera kümmerte sich nur noch sporadisch um sie.

Frida Kahlos Tod

Im April 1953 fand Frida Kahlos erste Einzelausstellung in Mexiko in der ›Galería de Arte Contemporáneo‹ von Lola Alvarez Bravo statt. Die Künstlerin kam im Krankenwagen zur Vernissage und wurde auf einer Trage in das Gebäude gebracht. Ihr Himmelbett wurde kurz zuvor in der Galerie aufgestellt und bildete einen Bestandteil der Ausstellung. Im Mittelpunkt des Interesses stand an diesem Abend aber weniger ihre Kunst als sie selbst, ihr Auftritt wurde zur Selbstinszenierung. »Es war alles etwas zu aufdringlich«, erzählte Raquel Tibol, »fast wie eine surrealistische Veranstaltung, wobei Frida die Sphinx der Nacht spielte, indem sie sich in der Galerie in ihr Bett legte. Es war eine theatralische Selbstdarbietung.«[61] Für Rivera war es das größte Ereignis des Jahres. »Sogar ich war beeindruckt, als ich ihr gesamtes Werk sah«, erinnerte sich der Wandmaler in seiner Autobiographie, »... Frida blieb ruhig und zufrieden in dem Raum sitzen, glücklich darüber, daß so viele Leute gekommen waren, um sie begeistert zu ehren. Sie sprach

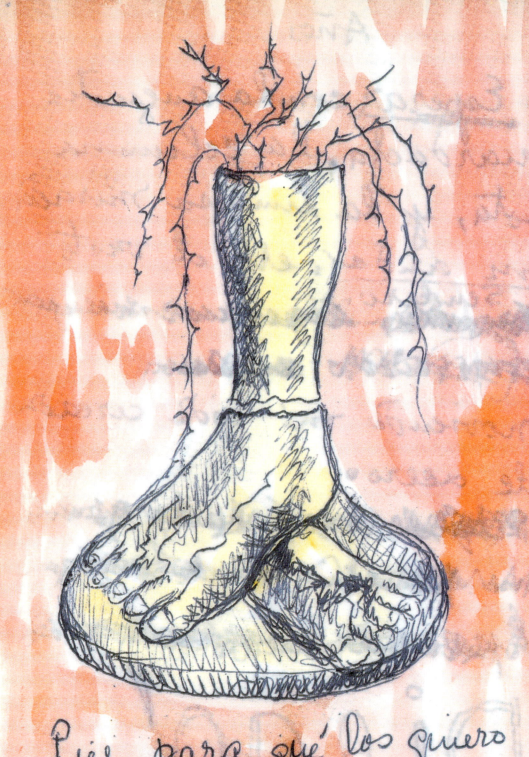

Pies para qué los quiero
Si tengo alas pa' volar.
1953.

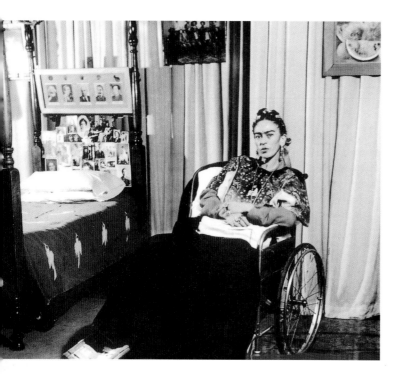

kaum ein Wort, aber ich habe mir später gesagt, daß sie bestimmt wußte, daß sie hiermit vom Leben Abschied nahm.«[62]

Aufgrund eines fortschreitenden Wundbrandes am rechten Bein kamen Fridas Ärzte im August 1953 darin überein, das Bein unterhalb des Knies zu amputieren; Die Künstlerin stimmte zu. »Jetzt ist es gewiß, daß sie mir das rechte Bein amputieren werden ... Ich habe ziemliche Angst, und zugleich sagt mir die Vernunft, daß es eine Befreiung sein wird. Ich will nur hoffen, daß ich, wenn ich wieder laufen kann, genug Kraft habe, um für Diego leben zu können, alles für Diego!«, schrieb sie in ihr Tagebuch.[63] Aus der Zeit vor der Operation finden sich eindrückliche Zeichnungen in ihrem Tagebuch, aus denen ihre Angst spricht. Und dennoch scheint ein gewisser Optimismus bei ihr nie ganz verschwunden zu sein, wie man aus einer Zeichnung mit abgetrennten Füßen ersehen kann, unter denen der Satz »wozu brauche ich Füße, wenn ich Flügel zum Fliegen habe« geschrieben steht.

Nach der Amputation nahm Kahlos Drogenabhängigkeit in erschreckendem Ausmaß zu. Rivera versuchte sogar, ihre Medikamente durch Alkohol zu ersetzten, was dazu führte, daß sie zwei Liter Cognac pro Tag trank. »Nach der Amputation des Beins«, berichtete Rivera in seiner Autobiographie, »war Frida tief deprimiert. ... Ihre Lebenslust war verflogen.«[64] Er selbst hatte wieder eine neue Liebschaft, Emma Hurtado, was Frida in ihrer Verweiflung zu einem weiteren Selbstmordversuch trieb.

Seite 108–109:
Das letzte Bild aus Frida Kahlos Tagebuch
(170 und 171)
1954
Mischtechnik auf Papier
Museum Diego Rivera und Frida Kahlo, Mexiko-Stadt

oben:
Lola Alvarez Bravo photographierte
Frida Kahlo in ihrem Schafzimmer 1953.
Foto: Lola Alvarez Bravo, Galéria Juan Martin, Mexiko-Stadt

rechts:
Frida Kahlo
Der Marxismus wird die Kranken heilen
um 1954
Öl auf Hartfaser
76 x 61 cm
Museum Diego Rivera und Frida Kahlo, Mexiko-Stadt

Nachdem die Künstlerin monatelang nicht mehr gemalt hatte, griff sie im Frühjahr 1954 wieder zum Pinsel. Es entstanden das *Selbstbildnis mit dem Bildnis Diegos auf der Brust und Maria zwischen den Augenbrauen* und politische Bilder wie *Der Marxismus wird die Kranken heilen*. Ein spätes Porträt zerstörte Kahlo in Anwesenheit von Raquel Tibol. Es war ein Gemälde, in dem sich ihr Gesicht inmitten einer Sonnenblume befand, doch die Künstlerin meinte, sie wirke, wie in einer Blume erstickt. »... alles war bejahend«, beschrieb Tibol das Bild, »es strahlte Verlockung und Emotion aus. Erregt von der von ihrem Werk ausströmenden Lebenskraft, die sie ihren eigenen Bewegungen schon nicht mehr verleihen konnte, ergriff sie ein Messer aus Michoacán ... und begann ... die Malerei langsam, viel zu langsam zu zerkratzen ... Mit dem Schaben annullierte, vernichtete, zerstörte sie sich selbst, wie bei einer rituellen Selbstopferung.«[65]

Frida Kahlo im Rollstuhl bei einer Demonstration gegen die Absetzung des guatemaltekischen Präsidenten Jacobo Arbenz Guzmán durch den CIA.
1954
Foto: Mit freundlicher Genehmigung von Excelsior

Am 2. Juli 1954 begleitete Kahlo entgegen dem ärztlichen Rat ihren Mann bei einer Solidaritätskundgebung für die Regierung von Jacobo Arbenz in Guatemala. Der linksgerichtete Präsident war mit Hilfe der CIA abgesetzt worden. Es sollte ihr letzter öffentlicher Auftritt sein. Auf einem Foto von der Demonstration wirkt die Malerin sehr gealtert und entkräftet, auch Rivera wirkt angegriffen, die Sorgen stehen ihm ins Gesicht geschrieben.

Bei Kahlo stellte sich eine nicht auskurierte Lungenentzündung wieder ein, ihr Tod stand unmittelbar bevor. Ihre letzten Worte im Tagebuch lauten: »Ich hoffe, daß der Abgang unbeschwert sein wird und hoffe, nie wiederzukehren.«[66] Ihre letzte Zeichnung ist unheilvoll und apokalyptisch. Ein schwarz bestiefelter Engel mit grünen Flügeln schwebt gen Himmel. Nach den letzten Worten im

Frida Kahlo
Stilleben *Es lebe das Leben*
ca. 1951–54
Öl und Erde auf Hartfaser
52 x 72 cm
Museum Diego Rivera und Frida Kahlo, Mexiko-Stadt

Tagebuch zu urteilen, ist ein Suizid nicht auszuschließen, was aber die meisten ihrer Freunde für unwahrscheinlich halten. Rivera erinnerte sich an ihre letzten gemeinsamen Stunden vor ihrem Tod: »Am Abend zuvor hatte sie mir den Ring geschenkt, den sie mir zu unserer Silberhochzeit gekauft hatte, die in siebzehn Tagen gefeiert werden sollte. Ich fragte sie, warum sie mir den Ring schon jetzt gäbe, und sie antwortete, ›Weil ich spüre, daß ich dich sehr bald verlassen werde.‹«[67]

In der Nacht zum 13. Juli 1954 starb Frida Kahlo mit 47 Jahren im Blauen Haus. Als offizielle Todesursache wurde eine Lungenembolie angegeben. Als Hymne an das Leben liest sich die Inschrift auf Kahlos letztem Gemälde, einem Stilleben mit Wassermelonen:

Viva la vida – Es lebe das Leben

Am Abend des dreizehnten Juli wurde Frida Kahlo in der Vorhalle des ›Palacio de Bellas Artes‹, des wichtigsten mexikanischen Kulturinstituts, öffentlich aufgebahrt. Zuvor hatte man sie in ihre Lieblingstracht gekleidet, ihr bunte Bänder ins Haar geflochten und ihr kostbaren Schmuck angelegt. Rivera hielt die Totenwache. Die mit Kahlo befreundete Journalistin Rosa Castro erzählte: »Als Frida in Bellas Artes aufgebahrt lag, stand Diego mit Dr. Federico Marín zusammen. Ich ging zu ihm hin und fragte: ›Was ist los, Diego?‹ – ›Wir sind nicht ganz sicher, ob sie wirklich tot ist‹, gab er zur Antwort, aber Dr. Marín erklärte: ›Es gibt keinen Zweifel, Diego.‹ – ›Mag sein‹, hielt ihm Diego entgegen, ›aber es ist doch unheimlich, daß sie noch Gefäßregungen zeigt. Auf ihrer Haut stellen sich ja noch die Härchen! Mir ist es schrecklich, daß sie unter diesen Bedingungen bestattet werden sollte.‹ Ich sagte: ›Das ist doch ganz einfach. Laß den Arzt die Venen öffnen. Wenn kein Blut fließt, ist sie tot.‹ So wurde denn ein Schnitt gemacht, und es kam kein Blut ...«[68]

»Für meinen Augenstern ...«
Rivera nach dem Tod Frida Kahlos

Nach Kahlos Tod schrieb Rivera: »Der 13. Juli 1954 war der tragischste Tag meines Lebens. Ich hatte meine geliebte Frida für immer verloren ... Mein einziger Trost war jetzt meine Wiederaufnahme in die Kommunistische Partei.«[69] Seine Bewunderung für Kahlo als Mensch und Künstlerin lebte fort. »Verschiedene Kritiker in diversen Ländern bezeichneten die Malerei Frida Kahlos als die eindringlichste und am meisten volkstümlich-mexikanische der Gegenwart. Das finde ich auch«, berichtete Rivera Raquel Tibol.[70] Ihren Stellenwert als Malerin hob er dabei besonders stolz hervor: »Auch wenn ihre Bilder sich nicht über die großen Flächen unserer Wandbilder breiten, so ist Frida Kahlo doch dadurch, daß ihr intensives und tiefgreifendes Werk in Qualität und Quantität unserem Werk gleichgestellt ist, die bedeutendste der mexikanischen Künstler; und ihr Werk ... ist eines der intensivsten, wahrheitsgetreuesten menschlichen Dokumente unserer Zeit. Für die zukünftige Welt wird es von unschätzbarem Wert sein.«[71]

In Erinnerung an seine verstorbene Frau zeichnete Rivera zu deren erstem Todestag ein lächelndes Porträt von ihr mit der Widmung: »Für meinen Augenstern, Fridita, die immer noch die meine ist, 13. Juli 1955. Diego. Heute ist es ein Jahr.«[72] Doch Rivera blieb nicht lange allein. Er heiratete am 29. Juli 1955 die Verlegerin Emma Hurtado. Kurz nach seiner Vermählung reiste er in die UdSSR zu einer Krebsbehandlung. Trotz seiner angeschlagenen Gesundheit war er sowohl in Moskau als auch zurück in Mexiko künstlerisch tätig. Er malte eine Reihe von Sonnenuntergängen. Drei Jahre nach Frida Kahlos Tod starb Diego Rivera am 24. November 1957 in seinem Atelier in San Angel an einem Herzinfarkt. Rivera hatte den Wunsch geäußert, daß man seine Asche mit der Kahlos vereine. Doch seinem Wunsch wurde nicht stattgegeben. Der Wandmaler wurde feierlich in der ›Rotonda de los Hombres Ilustres‹, der Rotunde der berühmten Männer, auf dem städtischen Friedhof ›Dolores‹ bestattet. So wie Kahlo und Rivera schon im Leben selten wirklich eins waren, ruhen sie auch im Tode nicht gemeinsam.

Seite 116–117:
Nach der schweren Operation des Jahres 1953, bei der Frida Kahlo ein Fuß amputiert werden mußte, fotografierten die beiden Brüder Mayo (zu dieser Zeit als Fotojournalisten bekannt) die rauchende Frida Kahlo im Hof der Casa Azul. Die Künstlerin trägt ein bäuerliches Mazahua-Kleid.
Foto: Gebrüder Mayo mit freundlicher Genehmigung von C. Stellweg, New York.

Anmerkungen

1 Herrera, Hayden: Frida Kahlo. Ein leidenschaftliches Leben. Frankfurt a.M. 1997, S. 16.
2 Ebd., S. 27.
3 Ebd., S. 25.
4 Ebd., S. 22.
5 Ebd., S. 40.
6 Jamis, Rauda: Frida Kahlo. Malerin wider das Leiden. München 1991, S. 102.
7 Dieses Wort ist eine Kreation Frida Kahlos und bedeutet soviel wie: sehr, überaus.
8 Tibol, Raquel: Frida Kahlo. Frankfurt a.M. 1980, S. 27–32.
9 Diego Rivera, My Art, my Life, An Autobiography with Gladys March. New York 1991
10 Kettenmann, Andrea: Diego Rivera. Ein revolutionärer Geist in der Kunst der Moderne. Köln 1997, S. 23.
11 Hierunter verseht man die großen Wandmaler Mexikos des 20 Jahrhunderts, die in ihren Werken sozialistisch-kommunistische Themen veranschaulichten und mit der Geschichte Mexikos in Verbindung brachten. Die drei führenden Repräsentanten dieser Richtung sind: Diego Rivera, José Clemente Orozco und David Alfaro Siqueiros.
12 Suarez, Luis: Diego Rivera. Bekenntnisse. Berlin 1966, S. 190.
13 Herrera, Hayden: Frida Kahlo. Ein leidenschaftliches Leben. Frankfurt a.M. 1997, S. 73/74.
14 Ebd., S. 74.
15 Ebd., S. 77.
16 Ebd., S. 84.
17 Ebd., S. 86.
18 Ebd., S. 90.
19 Zamora, Martha: Frida Kahlo. Aufschrei der Seele. München 1994, S. 29.
20 Herrera, Hayden: Frida Kahlo. Ein leidenschaftliches Leben. Frankfurt a.M. 1997, S. 106.
21 Ebd., S. 113.
22 Ebd., S. 125/126.
23 Ebd., S. 155/156.
24 Ebd., S. 155.
25 Ebd., S. 166.
26 Zamora, Martha: Frida Kahlo. Aufschrei der Seele. München 1994, S. 59.
27 Breton, André: Der Surrealismus und die Malerei. Berlin 1967, S. 149.
28 Herrera, Hayden: Frida Kahlo. Ein leidenschaftliches Leben. Frankfurt a.M. 1997, S. 186.
29 Prignitz-Poda, Helga u.a. (Hg.): Frida Kahlo. Das Gesamtwerk, Frankfurt a.M. 1988, S. 244.
30 Herrera, Hayden: Frida Kahlo. Ein leidenschaftliches Leben. Frankfurt a.M. 1997, S. 196.
31 Ebd., S. 206.
32 Ebd., S. 215.
33 Ebd., S. 220.
34 Tibol, Raquel: Frida Kahlo. Frankfurt a.M. 1980, S. 84.
35 Breton, André: Der Surrealismus und die Malerei. Berlin 1967, S. 149f.
36 Ebd., S. 149.
37 Bertram D. Wolfe, Rise of another Rivera, in: Vogue, Jg. 92, Nr. 1 (Okt./Nov. 1938), p. 131.
38 Herrera, Hayden: Frida Kahlo. Ein leidenschaftliches Leben. Frankfurt a.M. 1997, S. 238.
39 Ebd., S. 239f.
40 Ebd., S. 249f.
41 Ebd., S. 165.
42 Mulvey, Laura und Wollen, Peter: Frida Frida Kahlo und Tina Modotti. (=Ausstellungskatalog Whitechapel Art Gallery, London 1982) Frankfurt a.M. 1982, S. 37 vgl. Tibol, Raquel: Frida Kahlo. Frankfurt a.M. 1980, S. 79.
43 Herrera, Hayden: Frida Kahlo. Ein leidenschaftliches Leben. Frankfurt a.M. 1997, S. 256.
44 Ebd., S. 255.
45 Herrera, Hayden: Frida Kahlo. Die Gemälde. München/Paris/London 1992, S. 87.
46 Ebd., S. 56.
47 Herrera, Hayden: Frida Kahlo. Ein leidenschaftliches Leben. Frankfurt a.M. 1997, S. 268.
48 Rivera, Diego: My Art, my Life. An Autobiography with Gladys March. New York 1991, S. 242f.
49 Tibol, Raquel: Frida Kahlo. Frankfurt a.M. 1980, S. 109.
50 Herrera, Hayden: Frida Kahlo. Ein leidenschaftliches Leben. Frankfurt a.M. 1997, S. 249.
51 Ebd., S. 250.
52 Billeter, Eva (Hg.): Das Blaue Haus,. Die Welt der Frida Kahlo. Frankfurt a.M. 1993, S. 154.
53 Herrera, Hayden: Frida Kahlo. Ein leidenschaftliches Leben. Frankfurt a.M. 1997, S. 329.
54 Suarez, Luis: Diego Rivera. Bekenntnisse. Berlin 1966, S. 16.
55 Frida Kahlo: Gemaltes Tagebuch. Mit einer Einführung von Carlos Fuentes: Kommentar von Sarah M. Lowe. München 1995, S. 205.
56 Ebd., S. 235.
57 Retrato de Diego. In: Diego Rivera. 50 anos de su labor artistica (= Ausstellungskatalog Mexico 1951). Mexico, D.F. 1951, S. 75f.
58 Herrera, Hayden: Frida Kahlo. Ein leidenschaftliches Leben. Frankfurt a.M. 1997, S. 343.
59 Rivera, Diego: My Art, my Life. An Autobiography with Gladys March. New York 1991, S. 51.
60 Ebd., S. 111.
61 Herrera, Hayden: Frida Kahlo. Ein leidenschaftliches Leben. Frankfurt a.M. 1997, S. 369.
62 Rivera, Diego: My Art, my Life. An Autobiography with Gladys March. New York 1991, S. 283f.
63 Herrera, Hayden: Frida Kahlo. Ein leidenschaftliches Leben. Frankfurt a.M. 1997, S. 375.
64 Herrera, Hayden: Frida Kahlo. Ein leidenschaftliches Leben. Frankfurt a.M. 1997, S. 376.
65 Tibol, Raquel: Frida Kahlo. Frankfurt a.M. 1980, S. 11f..
66 Frida Kahlo: Gemaltes Tagebuch. Mit einer Einführung von Carlos Fuentes: Kommentar von Sarah M. Lowe. München 1995
67 Rivera, Diego: My Art, my Life. An Autobiography with Gladys March. New York 1991, S. 285.
68 Herrera, Hayden: Frida Kahlo. Ein leidenschaftliches Leben. Frankfurt a.M. 1997, S. 394.
69 Rivera, Diego: My Art, my Life. An Autobiography with Gladys March. New York 1991, S. 285f.
70 Tibol, Raquel: Frida Kahlo. Frankfurt a.M. 1980, S. 85.
71 Ebd., S. 87.
72 Le Clèzio, J. M. C.: Diego und Rivera. München, S. 229

Abbildungsnachweis:

AKG Berlin: Seite 38, 44 oben, 50, 57, 68, 70 oben, 78-80, 83-85, 89, 90

Rafael Doniz: Seite 18, 23-27, 31, 32, 60, 64, 77, 87, 88, 98, 100, 111, 113

Die Abbildungen aus dem Tagebuch Frida Kahlos stammen aus dem Band: ›Frida Kahlo *Gemaltes Tagebuch*‹, München 1995. Die Originalausgabe erschien bei Harry N. Abrams, Inc., New York.: Seite 6, 102-103, 106-107, 108-109

Musée National d'Art Moderne, Centre Georges Pompidou, Paris: Seite 63

Museum of Fine Arts, Boston: Seite 33

San Francisco Museum of Modern Art, San Francisco: Seite 37

Smith College Museum of Art, Northampton, Massachusetts: Seite 70 unten

The Detroit Institute of Arts, Detroit: Seite 43

The Museum of Modern Art, New York: Seite 9, 56, 72

Alle übrigen Vorlagen stammen aus den Archiven der Autorinnen und des Verlages.

Wir danken dem Scherz Verlag, Bern, für die freundliche Genehmigung zum Abdruck der Texte aus: Hayden Herrera, ›Frida Kahlo. Ein leidenschaftliches Leben‹, Bern 1995

Auf dem Einband:
Vorderseite: Frida Kahlo, *Selbstbildnis mit Samtkleid*, 1926, Nachlaß Alejandro Gómez Arias, Mexiko-Stadt

Rücken: *Frida und Diego Rivera* oder *Frida Kahlo und Diego Rivera*, 1931, San Francisco Museum of Modern Art, San Francisco

Frontispiz: Frida Kahlo und Diego Rivera, um 1954, Photographie

Die Deutsche Bibliothek –
CIP-Einheitsaufnahme:
Alcántara, Isabel: Frida Kahlo und Diego Rivera / von Isabel Alcántara und Sandra Egnolff. - München ; London ; New York : Prestel, 1999 (Pegasus-Bibliothek)
ISBN 3-7913-2196-X

© für die abgebildeten Werke bei Banco de Mexico, Fiduciario en el Fideicomiso relativo a los Museos Diego Rivera y Frida Kahlo
© Prestel Verlag,
München · London · New York 1999

Prestel Verlag, Mandlstr. 26
80802 München
Telefon 089/3817090
Telefax 089/38170935

Gestaltung und Satz: WIGEL@xtras.de
Einbandgestaltung: F. Lüdtke, A. Graschberger, A. Ehmke, München
Lithographie: Repro Bayer, München
Druck und Bindung: Passavia Druckerei, Passau

Printed in Germany

ISBN 3-7913-2196-X (Deutsche Ausgabe)
ISBN 3-7913-2164-1 (Englische Ausgabe)

In der PEGASUS *Bibliothek* sind bereits folgende Bände erschienen:

Max Beckmann – Die Suche nach dem Ich
von Wendy Beckett

Botticelli – Toskanischer Frühling
von Frank Zöllner

Cézanne in der Provence
von Evmarie Schmitt

Caspar David Friedrich – Zyklus,
Zeit und Ewigkeit
von Wieland Schmied

Marc Chagall – Arabische Nächte

Marc Chagall – Daphnis und Chloe
Text von Longus

Dalís Begierden
von Ralf Schiebler

Degas – Ballett und Boudoir
von Lillian Schacherl

Paul Gauguin – Bilder aus der Südsee
von Eckhard Hollmann

Vincent van Gogh – Das Drama von Arles
von Alfred Nemeczek

Goya und die Herzogin von Alba
von Susann Waldmann

Edward Hopper – Bilder aus Amerika
von Wieland Schmied

Kandinsky und Gabriele Münter
von Annegret Hoberg

Vom Klang der Bilder
von Karin v. Maur

Paul Klee – Malerei und Musik
von Hajo Düchting

Gustav Klimt – Maler der Frauen
von Susanna Partsch

Kokoschka und Alma Mahler
von Alfred Weidinger

Luxus des Lebens – Die ›Tres Riches Heures‹
des Duc de Berry
von Lillian Schacherl

Manet – Pariser Leben
von Hajo Düchting

Miró auf Mallorca
von Barbara Catoir

Modigliani – Akte und Porträts
von Anette Kruszynski

Monet in Giverny
von Karin Sagner-Düchting

Picasso – Die Welt der Kinder
von Werner Spies

Renoir – Augenblicke des Glücks
von Karin Sagner-Düchting

Rodin und Camille Claudel
von J. A. Schmoll gen. Eisenwerth

Henri Rousseau – Träume vom Dschungel
von Werner Schmalenbach

Egon Schiele – Eros und Passion
von Klaus Albrecht Schröder

Tizian – Nymphe und Schäfer
von John Berger und Katya Berger Andreadakis

Toulouse-Lautrec – Der Maler vom Montmartre
von Reinhold Heller

Turner auf Reisen
von Inge Herold